ME LLAMAN HÉROE

ME LLAMAN HÉROE

RECUERDOS DE MI JUVENTUD

—

DANIEL HERNÁNDEZ
CON SUSAN GOLDMAN RUBIN

CON UN PRÓLOGO DE LA
CONGRESISTA DEBBIE WASSERMAN SCHULTZ

TRADUCIDO POR
CARLOS VERDECIA

SIMON & SCHUSTER BFYR

NUEVA YORK LONDRES TORONTO SYDNEY NUEVA DELHII

SIMON & SCHUSTER BFYR

Un producto de Simon & Schuster Children's Publishing Division

1230 Avenida de las Américas, Nueva York, Nueva York 10020

Este es un libro de memorias. Refleja los recuerdos del autor en la actualidad de sus experiencias a través de los años.

Para información respecto a descuentos especiales en ventas al por mayor, diríjase a Simon & Schuster Special Sales al 1-866-506-1949 o a la dirección electrónica business@simonandschuster.com.

El Buró de Oradores de Simon & Schuster puede llevar autores a su evento en vivo. Para más información o para hacer reservaciones para un evento, llame al Buró de Oradores de Simon & Schuster al 1-866-248-3049 o visite nuestro sitio Web en www.simonspeakers.com.

Diseño del libro por Chloë Foglia

La tipografía utilizada en el texto es Granjon.

Impreso en los Estados Unidos de América

10 9 8 7 6 5 4 3 2 1

Library of Congress Cataloging-in-Publication Data

Hernandez, Daniel, 1990–

[They call me a hero. Spanish]

Me llaman héroe : recuerdos de mi juventud / Daniel Hernández y Susan Goldman Rubin ; traducido por Carlos Verdecia.

pages cm

Originally published as: They call me a hero.

Includes bibliographical references.

ISBN 978-1-4424-6619-7 (hardcover) — ISBN 978-1-4424-6621-0 (eBook) 1. Hernandez, Daniel, 1990——Juvenile literature. 2. Giffords, Gabrielle D. (Gabrielle Dee), 1970—— Friends and associates—Juvenile literature. 3. Interns—United States—Biography— Juvenile literature. 4. Giffords, Gabrielle D. (Gabrielle Dee), 1970——Assassination attempt, 2011—Juvenile literature. 5. Heroes—Arizona—Tucson—Biography—Juvenile literature. 6. Courage—Arizona—Tucson—History—21st century—Juvenile literature. 7. Tucson (Ariz.)—History—21st century—Juvenile literature. 8. Tucson (Ariz.)—Officials and employees—Biography—Juvenile literature. 9. Sexual minorities—Civil rights—Arizona— Tucson—Juvenile literature. I. Rubin, Susan Goldman. II. Title.

E901.1.H46A3 2013b

979.1'054092—dc23

2012039685

FIRST EDITION

A las víctimas del 8 de enero de 2011, en memoria de Christina-Taylor Green, Dorothy Morris, John Roll, Phyllis Schneck, Dorwan Stoddard, y Gabriel Zimmerman, y en memoria de los queridos tíos de Daniel, Art Hernández y Marcos Quiñones

—D. H. y S. G. R.

Índice

Prólogo
POR DEBBIE WASSERMAN SCHULTZ, CONGRESISTA

Se puede decir mucho de la democracia estadounidense. Durante más de dos siglos ha sido justamente seguida como un modelo para las nuevas democracias y los esperanzados pueblos que a lo largo del planeta anhelan experimentar qué es ser libre.

En la escuela nos enseñan que la clave de la democracia son los principios: una persona, un voto; igual protección bajo la ley; vida, libertad y la búsqueda de la felicidad. Pero aunque la selección de nuestros líderes a través de la expresión no violenta del pueblo es un aspecto fundamental de nuestro sistema democrático, ese es solo el resultado final de un largo proceso que da fe del carácter participativo de nuestra democracia. Pregúntale a cualquier presidente, senador, representante a nivel estatal o local o miembro de la junta escolar cómo llegó a donde está hoy, y te dirá que no habría podido alcanzar sus metas sin la ayuda voluntaria de estadounidenses corrientes. Todos los nombres que ves en la boleta, cada candidato en un debate, o cualquier político que ves en la televisión debe su éxito en gran medida a la pasión y dedicación de estadounidenses comunes y corrientes.

Cada año cientos de miles de estadounidenses se ofrecen de voluntarios a campañas políticas o a organizaciones políticas o a iniciativas electorales. Ya sea recogiendo peticiones para poner a un candidato o una causa en la boleta, respondiendo teléfonos en una oficina, caminando casa por casa para promover a su candidato, inscribir votantes o trabajar, sin afiliación política, en un colegio electoral, estos voluntarios y sus incontables horas de trabajo sin paga son la columna vertical de la democracia estadounidense.

Algunos se ofrecen de voluntarios porque creen en una persona; otros lo hacen porque creen en su partido. Otros porque ven paralelos en la plataforma de un candidato con una causa personal o la de un ser querido; y otros simplemente creen que es su deber cívico. Al margen de lo que los motiva, una cosa queda clara: la democracia estadounidense no podría funcionar correctamente sin ellos.

Daniel Hernández, un voluntario veterano tanto de la campaña presidencial de Hillary Clinton como de la campaña de reelección de la congresista Gabby Giffords en 2008, se había ofrecido otra vez como voluntario de la congresista Giffords, en esta ocasión de pasante en su oficina en Tucson (Arizona). Estados Unidos conoció a Daniel Hernández como el joven pasante que corrió a socorrer a Gabby inmediatamente después de que le dispararan en aquella mañana horrible. Yo estoy eternamente agradecida a Daniel y a todos los que desempeñaron un papel en salvar la vida de mi amiga aquel día, pero esa no es la razón por la que escribo este prólogo.

Se ha escrito mucho acerca de cómo a Gabby le dispararon mientras hacía exactamente lo que nuestros padres fundadores habían imaginado para una democracia participativa: un foro a través del cual estadounidenses corrientes podían hablar cara a cara con su congresista local. Pero ha ganado mucha menos atención el trabajo de los demás que estaban allí, la gente sin la cual Gabby nunca habría podido ser elegida al Congreso, ni hacer su trabajo de congresista. Son los miembros de su equipo de trabajo, de los cuales uno perdió la vida y otros fueron heridos —tanto física como mentalmente— y Daniel Hernández, quien llevaba menos de una semana en su pasantía sin paga en la oficina de la congresista. Estas personas dedicadas al servicio público solo estaban haciendo su trabajo aquella mañana sabatina, ayudando a los residentes de Tucson a conocer a su congresista. Del mismo modo que la historia de Daniel ni comienza ni termina en el tiroteo de Tucson, tampoco termina la importancia de usar esta anécdota para entender mejor a Estados Unidos.

Cualquiera que conoce a Daniel queda impactado por tres cosas: su confianza, su tranquilidad y su determinación. Sin embargo, todavía para demasiados estadounidenses hoy día, Daniel, un joven hispano, abiertamente gay, nunca debió haber estado ahí esa mañana de sábado. Para ellos, la orientación sexual y el origen étnico de Daniel lo descalifican: representan algo que anda mal con la sociedad, unos Estados Unidos que están olvidando sus raíces. Y por eso es que la historia de Daniel —su historia completa— es digna de reflexión.

Estados Unidos de América, el gran crisol, el estándar mediante el cual todas las demás democracias son juzgadas, fue originalmente colonizado por hombres blancos que creían que solo hombres blancos, dueños de tierras, deberían tener derecho a votar. Con el paso de los siglos, y con gran esfuerzo y mediante un intenso debate interno, Estados Unidos ha evolucionado, y creo que ahora abarca completamente el espíritu inclusivo de la democracia participativa que podría haber sido concebido al nacimiento de nuestra nación. Aun así, el cambio es difícil, y, para algunos, más difícil de aceptar que para otros.

El sábado 8 de enero de 2011, Daniel Hernández estaba haciendo lo que cientos de miles de estadounidenses hacen a diario: estaba trabajando de voluntario para una persona en la que creía. Pero entonces hizo algo que todos nos hemos preguntado si instintivamente tendríamos el coraje de hacer: escuchó unos disparos y corrió hacia ellos, para ayudar a los necesitados. Sus acciones ese día contribuyeron a salvar la vida de mi amiga y ayudaron a todos los estadounidenses a ver el agudo contraste entre la maldad mostrada por un pistolero trastornado y el altruismo de los individuos que corrieron a prestar ayuda a los necesitados.

La historia de Daniel ejemplifica la idea de que la excepcionalidad estadounidense tiene sus raíces en la libertad individual y colectiva, una noción que da la bienvenida a quienquiera, venga de donde venga, a la experiencia estadounidense. En otras palabras: excluir a Daniel de aquel sábado fatídico no lo habría herido tanto como habría herido a Estados Unidos de América.

Espero que disfruten conocer a Daniel tanto como lo he disfrutado yo.

La congresista Debbie Wasserman Schultz, Daniel y la madre de Daniel en Washington, DC, en febrero de 2011

PRIMERA PARTE

~ EL TIROTEO ~

Capítulo uno
La mañana del sábado

"¡Disparos!" dijo alguien, y comprendí: Recordé algunas de las cosas que habían ocurrido en los últimos meses. Había habido un evento de campaña donde un elector furioso había traído un arma, pero la había dejado caer. Y en marzo habían disparado a la puerta de la oficina de la congresista Gabby Giffords en Tucson después del voto de la ley de cuidados de salud. Gabe Zimmerman, el ayudante de Gabby, se me había acercado esa mañana y me dijo: "Si ves algo sospechoso, me avisas".

Así que oí disparos y lo primero que hice fue pensar en Gabby, asegurarme de que ella estaba bien. Yo estaba a treinta o cuarenta pies de la congresista. Oí los disparos y corrí hacia el sonido.

No me considero un héroe. Hice lo que pensé que cualquiera

habría hecho. Héroes son aquellas personas que se pasan la vida ayudando a otros. Yo no era más que un pasante de veinte años de edad que estaba en el lugar adecuado en el momento preciso.

Ese sábado 8 de enero de 2011 comenzó como otro día cualquiera. Me vestí con ropa casual: camisa, suéter con diseño de rombos, pantalones de caqui, el estilo que suelo vestir para ir al trabajo. Gabe Zimmerman había organizado un evento titulado "El congreso en tu esquina" en un centro comercial justamente al norte de Tucson. A la congresista Giffords le gustaba reunirse con sus electores en persona, hablarles de lo que les ocupaba la mente y discutir sus preocupaciones sobre lo que estaba ocurriendo en el Congreso. Algunas semanas antes yo había solicitado una pasantía en su oficina y me habían aceptado a mitad de la entrevista. Se suponía que yo comenzara el 12 de enero, cuando empezaba el curso escolar. Soy un estudiante de la Universidad de Arizona en la especialidad de ciencias políticas. Pero la oficina estaba corta de personal y me presenté de voluntario para empezar antes.

Había conocido a Gabby durante años. Había trabajado en sus campañas desde que la conocí en junio de 2008. Es la persona más cálida y bondadosa que uno puede conocer. "Yo no doy la mano, cariño", dice siempre, "yo doy abrazos".

Gabe me había pedido que estuviera en el mercado Safeway en la esquina de Ina y Oracle a las nueve de la mañana para ayudar a organizar el evento. Fui a un Safeway equivocado y no llegué al correcto hasta las nueve y media. El resto del equipo ya estaba allí y habían casi terminado de armar las mesas y unas cuantas sillas frente al mercado. Coloqué una pancarta cerca de la puerta que anunciaba el evento. Entonces ayudé a Gabe a colgar un estandarte entre dos postes que decía: GABRIELLE GIFFORDS, CONGRESO DE LOS ESTADOS UNIDOS, junto a una bandera de Arizona y una bandera de Estados Unidos. Me aseguré de que hubiera suficientes bolígrafos para que la gente pudiera firmar.

El siempre considerado Gabe era el trabajador social por excelencia. Lo querían todos los que lo conocían por su corazón amable y por tener una buena cabeza sobre sus hombros. Era lo que nosotros llamábamos el Susurrador de Electores, porque tenía la misteriosa habilidad de hablar con el más furioso elector y calmarlo.

Hacía frío aquella mañana, pero había claridad. Pam Simon, la coordinadora de información a la comunidad, fue al mercado a buscar café. Antes de ir le preguntó a Gabe si quería que le trajera algo. Pero Gabe dijo que no, pero le pidió que me preguntara a mí si yo quería algo. Me pareció un gesto increíblemente amable de Gabe pedirle a Pam que me preguntara. A veces los pasantes son olvidados en situaciones similares.

Cuando los electores comenzaron a llegar, tenían que verme a mí primero. Yo estaba parado con mi tablilla para inscribirlos junto a la pared trasera del mercado, cerca de la contigua farmacia Walgreens. Ahí era donde formaban la línea. Gabby estaba a unos cuarenta pies de la entrada de Safeway. Mientras formaban la línea para hablar con ella, escribían sus nombres, sus direcciones y sus números de teléfono. Llevábamos cuenta de cuántas personas se detenían al pasar y cuántas vivían en el distrito. Yo hablaba con todos.

Una niña llamada Christina-Taylor Green estaba allí con su vecina Suzi Hileman. Suzi se inscribió y yo me aseguré de que Christina-Taylor también lo hiciera, porque era tan joven y mostraba tanto entusiasmo por conocer a una congresista. Le pregunté a Christina-Taylor la edad y me dijo que tenía nueve años. Le pregunté a que escuela asistía y me dijo que estudiaba en la escuela primaria de Mesa Verde. Hablamos brevemente sobre su participación en el concejo de estudiantes. Entonces me dijo que quería hacerle una pregunta a Gabby, pero no quería que fuera una pregunta estúpida y necesitaba ayuda. En la mesa teníamos información que me habían dado en la forma de comunicados de prensa sobre los logros de la congresista. A pesar de que acaso superaban el nivel de comprensión de Christina-Taylor, le di copias de tres comunicados diferentes.

Entonces regresé al final de la línea para continuar inscribiendo a la gente.

Gabe había colocado unos montantes, postes metálicos con bandas de poliéster que utilizan los bancos para ayudar a sus clientes a formar líneas de espera. Le gustaba tenerlos en los eventos para definir claramente la entrada y la salida. Había sillas colocadas contra la pared para que los que estuvieran al frente pudieran sentarse antes de hablar con la congresista.

A las 9:55 Gabby llegó en su automóvil. A las diez en punto dio la bienvenida a todos y dijo: "Gracias por estar con nosotros en este friolenta mañana del sábado". Venía vestida con una chaqueta color rojo vivo. Gabe se paró cerca en caso de que alguno de los presentes necesitara ayuda. Ron Barber, el dedicado director de distrito de Gabby, también se paró al lado de ella, escuchando y observando con orgullo a su jefa hablando cuidadosa y eficientemente con sus electores. Jim y Doris Tucker estaban a la cabeza de la línea, pero la primera persona en hablar realmente con la congresista fue el juez John Roll. Se había detenido a su paso para saludar. Entonces ella habló con los Tucker y con Dorwan y Mavy Stoddard.

Entretanto, al final de la línea, inscribí a Bill Badger, un coronel del ejército retirado. Aunque era republicano y Gabby era demócrata, él la admiraba y sabía que ella respondería sus preguntas.

Acababa de inscribir a Bill Badger cuando oí lo que pensé que era un arma de fuego. Eran las 10:10 de la mañana. Por cuestión de medio segundo pensé: *Oh, tal vez son fuegos artificiales*. Entonces oí a alguien gritar: "¡Disparos!".

Capítulo dos
DETENER EL SANGRAMIENTO

HABÍA SANGRE EN TODAS PARTES. CUERPOS DESPLOMADOS. GRITOS. Cuando corría hacia la acera frente al mercado, pasé junto al que disparaba. Lo vi disparando con una pistola. Iba huyendo a través de la línea de entrar que se había formado afuera y yo corría a través de la salida. Él seguía disparando hacia la línea de personas que esperaban para ver a la congresista Giffords. Disparaba indiscriminadamente.

Yo soy grande, pero no se me ocurrió derribarlo. En esa fracción de segundos pensé que era más útil moverme hacia el frente, donde yacían las personas heridas. No sabía cuántas armas tenía ni cuántas balas le quedaban en su cargador. Probablemente correr hacia los disparos no era la mejor idea, pero la gente necesitaba ayuda. Recibí un entrenamiento médico limitado en la escuela secundaria y sabía que una persona víctima de un arma de fuego podía desangrase en cuestión de segundos. Cuando me dirigí al frente, no iba solamente buscando a Gabby; quería saber quiénes estaban heridos. Sabía que Gabe y otros miembros de nuestro equipo estaban también cerca.

Le examiné el pulso a las dos víctimas que estaban más cerca de mí. Primero en el cuello, luego en la muñeca. Gabe Zimmerman estaba muerto. Ron Barber estaba en el suelo sangrando. Todavía estaba consciente, pero estaba en shock y con mucho dolor. Había sido herido en una pierna y en la cara. Pero aun en ese momento me pedía que fuera a examinar a otros que necesitaban más ayuda. "Quédate con Gabby", me dijo. "No dejes de ir a ayudar a Gabby".

Me movía de persona en persona examinándoles el pulso. La primera regla en una situación de trauma es hacer lo que uno pueda y seguir adelante. Ron estaba grave, pero no tan grave como la congresista, que había recibido un disparo en la cabeza y todavía esta alerta y consciente.

Vi a Gabby. Al principio parecía estar en una posición defensiva. Yo tenía la esperanza de que estaba ilesa, pero según me fui acercando, vi que se había desplomado y yacía en la acera sangrando de una herida en la cabeza. Rápidamente revisé el resto de su cuerpo para ver si tenía otras heridas visibles. Al ver que no tenía ninguna otra, le apliqué presión con la mano a la herida en la cabeza.

Halé el cuerpo de Gabby, lo acomodé en mis piernas y la

ayudé a sentarse para que no se ahogara en su propia sangre. Todavía estaba alerta y consciente, lo cual era una buena señal. Tenía los ojos cerrados y no podía hablar, pero movía la mano derecha para responder. Me interesaba asegurarme de que ella sabía lo que estaba ocurriendo. Le dije que había recibido un disparo en la cabeza y que las autoridades habían sido alertadas. Mi primera prioridad era mantenerla consciente y calmada. Continué haciéndole preguntas, como: "Si puedes entender que la ambulancia está en camino, apriétame la mano". Y me apretó la mano. Le dije: "Te vamos a llevar al hospital; todo va a salir bien".

Aunque había mucha sangre, no parecía estar sangrando por una arteria. Si hubiera estado sangrando por una arteria, habría perdido mucha sangre en poco tiempo. Su herida le había atravesado el cerebro. No se pierde mucha sangre en ese tipo de herida. En mi entrenamiento en la escuela secundaria había aprendido a trabajar como ayudante de enfermería y a extraer sangre de las venas. Aunque mis estudios no habían incluido heridas por traumas, yo había tenido conversaciones acerca del tema con varios médicos y personas que trabajan en cuidados de la salud. Había hecho preguntas sobre todo lo que me resultaba interesante.

De modo que ahora me sentía confiado en que estaba haciendo lo correcto con Gabby. Después de haber estado con ella como un minuto, una pareja que había estado haciendo compras en el mercado acudió a ayudar. Él era médico y su esposa enfermera. Se me acercaron y revisaron rápidamente lo que yo hacía. Dr. Bowman me dijo que le continuara aplicando presión a la herida. "No dejes que se mueva", me dijo. "Sigue haciendo lo que estás haciendo".

El sospechoso había tratado de recargar su arma, pero una mujer llamada Patricia Maisch le había arrebatado el cargador. Roger Salzgeber, que había estado parado a ocho pies de Gabby, y Bill Badger forcejearon con el tipo hasta derribarlo y ya lo tenían inmovilizado. Yo no podía verlo desde donde estaba, pero obviamente el tiroteo se había detenido. Después supe que había durado sólo diecinueve segundos.

Pam Simon estaba muerta. Alguien la examinó y confirmó que no había esperanza para ella.

Las sirenas sonaban. Minutos después, llegó la policía y los paramédicos. La policía colocó una cinta amarilla alrededor de la escena antes de permitirles a los paramédicos ayudar a las víctimas. La policía tenía que asegurarse de que no había otros asaltantes.

Gabby seguía tratando de moverse. Cuando finalmente se les permitió a los paramédicos llegar adonde estábamos, me preguntaron dónde había sido herida Gabby y si no había ninguna otra herida. Existía un balazo obvio en la cabeza, pero, que supiéramos, no había ninguna otra herida. Primero tenían que inmovilizarle el cuello. Le colocaron un collar cuando todavía estaba recostada a mis piernas. Le colocaron alrededor de la frente un vendaje israelí que había sido utilizado para detener el sangramiento. Seguía moviéndose, por lo que me dijeron que sostuviera el vendaje en su lugar hasta que pudieran conseguir más. Entonces la acostaron en una camilla. Los paramédicos querían esperar por un helicóptero. "¿Cuánto se demorarán en llegar?", pregunté. Me dijeron que unos veinte minutos. "Tenemos que sacarla de aquí en la primera ambulancia", les grité. "Ella está aún alerta y respondiendo a las instrucciones". Todos estaban en shock. Había tanta confusión que mi grito ayudó. Nadie daba instrucciones claras. De modo que los paramédicos escucharon cuando les dije: Esto es lo que vamos a hacer. Les dije que la llevaran al hospital inmediatamente. Le tomé la mano a ella mientras la llevaban a toda prisa hacia la ambulancia. "Voy con ella", les dije a los paramédicos.

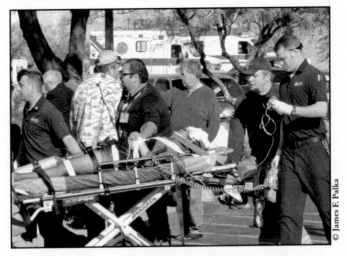

Después del tiroteo, Daniel y los paramédicos lleran a Gabby, en camilla, a la ambulancia.

Me dijeron que sólo los familiares podían hacerlo, pero me monté a empujones en la ambulancia. La sirena sonaba estridentemente mientras avanzábamos a toda velocidad.

Gabby tenía mucho dolor. Estaban tratando de ponerle un suero intravenoso, pero no encontraban una vena. La pinchaban repetidamente. Ella continuaba retorciéndose. Pienso que mi presencia allí para calmarla ayudó a los paramédicos a concentrarse en su tarea. Yo trataba de pensar en lo que debía hacer en ese momento. Le dije que íbamos a tratar de localizar a su esposo, el capitán Mark Kelly, y a sus padres, Gloria y Spencer Giffords. Pero yo no tenía el número de Mark o de sus padres. Tenía un celular nuevo y no había tenido tiempo de añadir los números de la gente a quien yo normalmente habría llamado por su participación en el Partido Demócrata y que conocían a Mark y a Gabby.

El único que me venía a la mente era Steve Farley. Steve es el representante estatal del Distrito 28, Tucson, y yo había dirigido su campaña. Me había hecho amigo de Steve y su esposa Kelly y de sus hijas Amelia y GiGi. Gabby y él eran amigos. Así que lo llamé a él antes de llamar a mis padres y le conté lo que había ocurrido. Podía escuchar a Kelly y las niñas detrás de él riéndose y saludando. Iban camino del parque estatal Kartchner Caverns. Inmediatamente le dije a Steve: "Steve, quédate callado y no hables. Alguien hirió a Gabby con un arma de fuego y estoy con ella en la ambulancia. Necesito que llames a Gloria y a su esposo. Vamos camino de CMU. APÚRATE".

Yo había presumido que nos dirigíamos al Centro Médico Universitario por ser el único centro de traumas en la ciudad de Tucson, y de hecho en todo el sur de Arizona.

Entonces llamé a mis padres y les dejé saber que estaba ileso, pero no les dije nada más. Sabía que estarían asustados, pero sabía también que teníamos tiempo limitado y era más importante para mí seguir hablando con Gabby para tratar de mantenerla calmada mientras llegábamos al hospital. Mantener informados a mis padres y mis hermanas era secundario a mi tarea de atender a Gabby.

Cuando llegamos al Centro Médico Universitario, las puertas de la ambulancia se abrieron. El equipo médico entró al hospital corriendo con Gabby y me dijeron que permaneciera de pie y que no me moviera de allí. "Alguien estará con usted enseguida". Dijeron que no estaba autorizado a hablar con nadie o utilizar mi teléfono celular hasta que los diputados del sheriff me interrogaran.

La gente había comenzado a congregarse para ver lo que estaba pasando. Los vehículos de la prensa empezaron a llegar.

Mi ropa estaba cubierta de sangre.

Capítulo tres
La evidencia en el lugar del crimen

Me quedé esperando en el área de las ambulancias en el hospital. Oficiales de la policía me mantuvieron en un área aislada donde los detectives pudieran interrogarme. Le oí decir a una mujer que pasó cerca que Gabby había muerto. Le envié un texto a Steve preguntándole si era cierto. Pero antes de recibir respuesta los oficiales me quitaron el teléfono como parte de la evidencia en la escena de un crimen. Me aislaron de toda comunicación con cualquier persona que no fuera de la policía. Durante las siguientes siete horas creía que Gabby estaba muerta.

Escuché a otra persona decir que el hombre que se parecía a Santa Claus había muerto. Presumí que hablaban de Ron Barber. Me era difícil imaginar que, además de la congresista, su director de distrito también había muerto.

Steve y Kelly llegaron y corrieron hacia mí para abrazarme. Cuando se acercaron, las autoridades les dijeron: "No. Aléjense. No pueden tocarlo". Le pedí entonces a Kelly que llamara a mis padres y les dijera dónde yo estaba.

Kelly y Steve fueron conducidos al hospital con Gloria, la madre de Gabby. Luego Kelly me dijo que habían permanecido en una habitación con la familia de Ron Barber. Se habían tomado de las manos para orar juntos. Cuando una trabajadora social les preguntó a Kelly y a Steve de dónde me conocían, ella le dio una larga explicación y la trabajadora social me dijo: "Oh, tú eres como de la familia".

Permanecí afuera del centro médico durante lo que me pareció una eternidad. Sabía que mi identificación y mi ropa estaban llenas de sangre, pero no me importaba porque estaba esperando que los investigadores de la escena del crimen vinieran y las confiscaran o les tomaran fotos. Terminaron por hacer ambas cosas. Tomaron fotos de cuánta sangre yo tenía en la ropa y cuánta sangre tenía en las manos para tener evidencia documentada. Necesitaba ir al baño, pero no me lo permitieron. Probablemente sabían que me lavaría las manos, lo cual alteraría la evidencia.

Entonces los investigadores me entrevistaron en una unidad de comando móvil. Dos agentes de la oficina del sheriff del Condado de Pima me hicieron preguntas durante alrededor de una hora. Eran muy directos, lo cual les agradecí. Cada uno de ellos tenía una grabadora, de modo que si le ocurría algo a alguna, tenían la información en la otra. Estaban tratando de saber quién yo era, por qué había estado en el evento, qué había hecho y a quiénes había visto. Les dije que había visto de paso al que disparaba. Les quise preguntar sobre las condiciones de Gabby y Ron Barber. Pero no tenían información o, si la tenían, no me la dieron.

Fue durante este tiempo que me sentí finalmente abrumado por las emociones. Por primera vez dejé que la gravedad de la situación me conmoviera. Me sentí inútil. Todo lo que había hecho para tratar de cuidar a Gabby había sido en vano. Hice todo lo que pude y simplemente no había sido suficiente. Temía que no sólo mi trabajo había sido fútil, sino que tal vez debí haber tratado de ayudar a Ron. Él estaba en mejores condiciones que Gabby, pero ahora él también estaba muerto. Había hecho lo que él me había pedido, atender a Gabby, y ella estaba muerta. En ese momento pensé que nada nunca podría volver a hacerme sentir bien.

Cuando los agentes terminaron de hacerme preguntas me llevaron a mi apartamento para recoger una muda de ropas. Ryan, mi compañero de casa, estaba mirando la cobertura en televisión de lo que había ocurrido y trató de hacerme preguntas. Le dije: "No me permiten hablar. Estoy bien. Hubo heridos. Ya te contaré después".

Los dos oficiales entraron en mi habitación y me observaron mientras me desvestía para estar seguros de que no dejara nada detrás que fuera parte de la escena del crimen. Necesitaban todo lo que yo llevaba puesto como evidencia, desde mi chapa de identidad hasta mi ropa interior, medias y zapatos. Les entregué cada una de las piezas y las metieron en una bolsa de evidencias que luego entregaron al FBI. El FBI todavía conserva esas cosas en Quántico, Virginia. Los oficiales habían aislado la escena del crimen alrededor del estacionamiento del centro comercial y mi automóvil ahora formaba también parte de esa escena del crimen. Me dijeron que no me estaba permitido mover mi automóvil ni entrar en él.

Me llevaron de regreso al Centro Médico Universitario. Camiones de satélites de todas las cadenas de televisión —CNN, NBC, ABC, CBS, Fox, Univisión— se habían alineado sobre el césped a la entrada principal del hospital. La multitud había crecido.

Me encontré con Patty Valera y Amanda Sapir, quienes trabajaban en la oficina de la congresista. Estaban tratando de averiguar lo que estaba pasando, quiénes habían sido heridos. Patty estaba muy emocionada y estaba llorando. Aunque les preocupaban los electores que habían sido heridos, ellas no sabían los nombres de esas personas, por lo que preguntaban principalmente por sus compañeros de trabajo. Patty y Amanda habían ido al mercado Safeway antes de ir al hospital. "Nos dijeron que Gabby está viva y que Ron está muerto", dijo Amanda. "Pero nos pareció haber visto los zapatos de Gabe debajo de una sábana blanca en la escena".

"Sí", les dije. "Tengo confirmación de que Gabe murió. No

llegó vivo al hospital". De momento me di cuenta de que la gente estaban confundiendo a los dos hombres. "Cuando salí de la escena, habían estabilizado a Ron", les dije. "Estaba vivo la última vez que lo vi". Les dije también que Pam Simon había muerto.

Dijeron: "Acabamos de ver a su familia y nos dijeron que la habían llevado al salón de operaciones".

Más tarde averigüé que cuando comenzó el tiroteo, Pam pensó que la mejor manera de sobrevivir era haciéndose la muerta. Y se hizo la muerta tan creíblemente que los que pasaron por su lado y los que primero habían respondido a la emergencia pensaron que de verdad estaba muerta. Me disgustó que la gente, incluyéndome a mí, andaba dando información errónea. Yo mismo había hecho precisamente eso cuando equivocadamente dije que Pam Simon había muerto. Haber dicho eso me hizo comprender que yo no estaba tan compuesto y alerta como yo pensaba. Había estado tratando de mantenerme lo más calmado posible.

Ingresé en el hospital porque había estado expuesto a sangre. Los cristales me habían causado laceraciones en las manos, las rodillas y las piernas. Aunque había podido lavarme las manos después de que ellos tomaron la evidencia, todavía tenían un color rojizo y tenía residuos de sangre debajo de las uñas. No era solamente la sangre de una persona, Gabby. Era también la de Ron Garber y de Gabe Zimmerman. Los había examinado a ambos con mis propias manos.

Yo había planeado tomar todas las precauciones apropiadas después de haber estado envuelto en la escena de un trauma, pero quería salir del hospital. Cuando uno está expuesto a sangre, se supone que obtenga inmediatamente un análisis para saber si uno ha estado expuesto a algún tipo de enfermedad infecciosa. Cuando ingresé en el hospital, el equipo médico quería mantenerme allí una noche. Yo no estaba dispuesto a quedarme. Entonces dijeron que habían hecho un historial de todas las personas que habían estado en la escena cuya sangre yo había tocado y ninguna de esas personas había padecido de enfermedades infecciosas. El personal del hospital me preguntó si yo estaba dispuesto a someterme a pruebas y exámenes sólo para estar seguros. Decidí que no. No estaba dispuesto a esperar. Habría tomado mucho tiempo. De modo que sólo me lavé las manos minuciosamente para tenerlas lo más limpias posible.

Me dirigí al área que había sido creada en la cafetería del hospital para las víctimas, familiares, amigos y colegas de Gabby y agentes federales. Profesionales en el campo de víctimas y testigos estaban allí para dar apoyo especializado en traumas a cualquiera que hubiera sido herido. La gente se concentró cerca de un televisor para ver homenajes y actualizaciones. Pero alguien dijo: "Apaguen la televisión". Los familiares estaban oyendo noticias falsas o falsas promesas.

Vi a mi madre y mis hermanas, pero hablé con el personal de Gabby primero. No todos sabían lo que había ocurrido realmente. Surgieron preguntas sobre quién había sido el que disparó, pero en ese momento nadie sabía su nombre. Joni Jones, el director de la oficina de Gabby en Tucson, estaba allí con algunas de las otras personas del equipo de Gabby que habían venido de distintos puntos del país. Yo necesitaba darles la mayor información correcta que tenía hasta ese momento. Había estado presente en el tiroteo y no pude decirles lo que había visto. Me abrazaron y me dieron las gracias.

Todavía no sabía la situación de Gabby. No supe nada hasta quince minutos después, cuando hablé con su esposo, el capitán Mark Kelly. Había venido en avión desde Houston, Texas, y le di una panorámica de lo que había ocurrido. Me contó que habían operado a Gabby y que estaba en camino de la unidad de cuidados intensivos. Yo estaba extático. Que Gabby estuviera viva y luchando aún era una buena noticia. Ella siempre ha sido una luchadora, ya fuera por su propia vida o defendiendo a la gente del sur de Arizona. Esta era una de las muchas cualidades que siempre había admirado en ella. Hablé con Mark y con los padres de Gabby. La mamá de Gabby estaba llorando y me decía: "Gracias por ayudar a mi hijita". La hermana de Gabby, Melissa, estaba también muy agradecida. Ella es enfermera y, cuando le dije lo que yo había hecho, dijo que era lo que había que hacer.

Entonces fui adonde estaban mi madre y mis hermanas, Alma y Consuelo, que querían hablar conmigo. Mi madre había sentido pánico y estuvo muy preocupada de que me hubiera pasado algo. Ya eran las ocho de a noche. C. J. Karamargin, el director de comunicaciones de Gabby, me llamó a un lado y me dijo: "Sé que ha sido un día muy traumático, pero tenemos a alguien del *Arizona Republic* que quiere hablar contigo". El *Arizona Republic* es el periódico más grande de nuestro estado. C. J. me dijo: "Ellos han oído que tú eres el que ayudó a la congresista. Tienen además una foto que van a publicar en la que estás tú caminando hacia la ambulancia junto a la camilla de Gabby. Si hacemos esta entrevista, nunca vas a tener que hacer otra. ¿Estarías dispuesto a sentarte con ellos?".

Quería que me dejaran tranquilo. Estaba exhausto.

Entonces C. J. dijo: "Mark Kimble [que era subdirector de comunicaciones en ese momento] se sentará contigo y te guiará a través de toda la entrevista. Si en algún momento no va bien, la paramos y la terminamos".

Nos sentamos todos afuera en un pequeño patio. Jaimee Rose hizo la entrevista. Me preguntó cómo me sentía corriendo hacia la línea de fuego para ayudar a Gabby. Respondí: "Por supuesto que uno tiene miedo. Simplemente uno tiene que hacer lo que puede". Pensé que era importante enfatizar el carácter de la congresista, especialmente en ese momento. Su valor, su fortaleza. Y así logré crear una serie de guías para la entrevista.

Habiendo trabajado en la política y lidiado con la prensa, sabía que tenía que crear oraciones cortas y efectivas acerca de lo ocurrido. Pero también, y más importante aún, tenía que hablar del carácter de Gabby. Sobre todas las cosas, sabía

que era necesario preservar su imagen de infatigable luchadora. La imagen era importante para lo que ella representaba
y yo entendí eso. Más tarde supe que los informes originales
de su muerte habían ocurrido por mis acciones para preservar su imagen. Después de yo haberle curado la herida, los
empleados de Safeway habían traído batas blancas limpias de
su departamento de carne. Queriendo mantener un nivel de
dignidad, y para dar a Gabby privacidad de los que pasaban
por su lado y de las cámaras, yo la había tapado a fin de que
lo único visible para la gente que comenzara a tratar de ver
eran sus pies.

Cuando terminó la entrevista, C. J. y Mark estaban asombrados de lo bien que lo había hecho y el grado de aplomo que
había mostrado. La mayoría de la gente se habría comportado
muy emocionalmente. Yo no. Siempre he sido una persona calmada, y ese rasgo de mi personalidad puede haberme permitido manejar una crisis horrible.

Me llevaron de vuelta al área de información sobre traumas y me dijeron que descansara. Muchas cosas iban a ocurrir
en los próximos días. Un consejero para situaciones de duelo
de la Cámara de Representantes viajaría desde Washington
para hablar con todo el personal de Gabby y los pasantes,
todos los que habían estado allí ese día. Supe que diecinueve
personas habían recibido disparos. Seis habían muerto: Gabe
Zimmerman, el juez John Roll, Dorwan Stoddard, Dorothy
Morris y Phyllis Schneck; Christina-Taylor Green murió

camino del hospital como resultado de un disparo en el pecho. La policía había arrestado a Jared Loughner, de veintidós años, en la escena del tiroteo y lo habían llevado a la Institución Correccional Federal de Phoenix.

Capítulo cuatro
El frenesí de la prensa

Al fin mis padres me llevaron a su casa. Cuando llegamos eran casi las dos y media de la mañana. Traté de relajarme escuchando música. Estaba exhausto y necesitaba dormir.

Pero a las cuatro y media de la mañana sonó el teléfono. Kelly llamó y les dijo a mis padres que un productor del programa *This Week* de la cadena ABC quería entrevistarme. El productor la había contactado a ella porque la policía me había quitado el teléfono para usarlo como evidencia. El esposo de Kelly, Steve, había hablado en la televisión nacional sobre lo que yo había hecho. "Voy para allá", le dijo Kelly a mi mamá. "No le abra la puerta a nadie más que a mí. Seré la secretaria de prensa de Daniel por esta semana". O eso era lo que ella pensaba. Terminó siéndolo durante mucho más de una semana.

Sería una tarea estrictamente voluntaria. Kelly no esperaba

que le pagaran. Para ella todo era por el servicio público. Había trabajado durante años en el Capitolio como ayudante de importantes oficiales electos de alto nivel antes de ir a trabajar para el gobierno de Clinton, donde trabajó como directora de comunicaciones de la Asociación Nacional para la Reinvención del Gobierno, creada por el vicepresidente Gore. Su experiencia coordinando actividades con la prensa le ayudaría a manejarme. El artículo del periódico *Arizona Republic* había sido publicado a la medianoche, y desde ese momento empezaron a llegar solicitudes de entrevistarme.

Cuando Kelly llegó, ya ABC estaba allí.

Mis padres me despertaron unos minutos antes de las cinco. A las 5:05 había salido ya de la casa de mis padres y estaba siendo entrevistado por teléfono en vivo por Christiane Amanpour, la presentadora del programa *This Week*, dentro del automóvil del productor. Siempre he sido un fanático de Christiane. Ella había sido corresponsal de guerra para CNN y había estado un tiempo en Bosnia. Es una persona brillante y se prepara muy meticulosamente. Me preguntó cuáles habían sido mis reacciones inmediatas justamente después del tiroteo. Le respondí: "Fue como que me desconecté de toda emoción porque sabía que no le sería de utilidad a nadie si me daba una crisis de nervios".

Kelly dijo que Christiane estaba terminando su programa en DC para tomar un avión hacia Tucson. Y en ese mismo momento George Stephanopoulos, el presentador del noticiero de ABC, estaba a mitad de camino hacia Arizona. Ambos querían conocerme en persona.

—No quiero hacer esto —dije. No quería toda esa atención.

—Tenemos que hacerlo —dijo Kelly.

Yo sabía por qué. La gente estaban en shock por el tiroteo. Les hacía sentirse mejor escuchar una versión veraz y exacta de lo que había ocurrido. Había demasiada desinformación y las especulaciones eran rampantes en televisión y en la prensa. Kelly me hizo mucha presión para que aceptara todas las entrevistas. Ella quería demostrar que un hispano había salvado el día en un estado que ha discriminado a los hispanos. Tenía razón.

—Métete en la ducha —me dijo Kelly— y vístete.

Entré para alistarme. Un productor de ABC iba a instalar a mis padres, mis dos hermanas menores y a mí en el centro turístico de Westward Look por unos días para evitar que la prensa invadiera el hogar de mi familia. Kelly me llevó a mi apartamento, donde tenía toda mi ropa, para buscar un traje y una corbata. Despertó a mis compañeros de casa Ryan y Kim, y les ordenó lo que tenían que hacer. Uno iba a atender las solicitudes que venían por correo electrónico, y envió a la otra a ir de compras porque no le gustaba mi ropa de vestir. Me gustan las telas a cuadros y de rayas, pero en televisión se necesitan colores simples. Kelly pensaba que yo debía usar únicamente camisas azules Oxford. Yo tenía una camisa azul, pero ella insistía en que necesitaba más. De modo que envió a mis compañeros de casa a comprar algunas camisas azules de vestir adicionales y una negra para los funerales.

Entonces Kelly me llevó hacia el centro turístico de Westward Look. Allí se había preparado una habitación con una cámara. Menos de dos horas después grabé una entrevista con George Stephanopoulos para *Good Morning America*. Cuando terminamos, Christiane Amanpour entró y se presentó.

Después de eso Kelly me llevó a toda prisa al Centro Médico Universitario para otra entrevista. Había programado entrevistas consecutivas. Todos los medios se habían instalado allí. Los camiones de satélite rodeaban el área de césped a la entrada principal del hospital. La gente traía velas, flores, ositos de peluche, globos y tarjetas deseando una pronta recuperación y las dejaban en la yerba. Una banda de mariachi tocaba y uno tocaba la guitarra cantando.

Medios de prensa de todo el mundo entrevistaron a Daniel frente al Centro Médico Universitario.

Era un caos absoluto. Los productores se gritaban unos a otros. Dos o tres reporteros me ponían micrófonos en la cara. Tenía que moverme de un reportero a otro. Mientras caminaba, Kelly me daba un teléfono para una entrevista con un medio de prensa escrita o una estación de radio. Entre una y otra entrevista hacía más entrevistas. No podíamos movernos de un camión de satélite a otro porque la gente hacía fila para estrecharme la mano, abrazarme y pedirme el autógrafo. Recibíamos entre sesenta y noventa llamadas cada hora. Kelly se encargó de manejar todas las solicitudes. Puso su nombre y su número del teléfono celular en mi página de Facebook. Me programaba entrevistas de cinco minutos para que yo pudiera manejar el mayor número de solicitudes posible. Era algo extraño y surrealista.

Repetía muchas de las respuestas una y otra vez. La mayor parte del tiempo los entrevistadores trataban de averiguar quién era yo. Les conté lo que hice con Gabby sin entrar en nada específico. No di muchos detalles. No necesitaban saber que había visto a Gabe, quien ya estaba muerto cuando llegué a su lado. Continué asegurándome con C. J. en la oficina de Gabby de que estaba haciendo las entrevistas correctamente, con el mensaje apropiado.

Tenía que explicar lo que había ocurrido, lo que había hecho, de manera que los televidentes o lectores pudieran captar el sentido de los sucesos. Entonces me tenía que apurar hacia la próxima entrevista.

No sabía cómo estaba Gabby. No había noticias en ese momento. Sabía que estaba viva en la unidad de cuidados intensivos. Era todo lo que se sabía.

Finalmente supe que el que había disparado, Jared Lee Loughner, había llegado al mercado Safeway en un taxi. Unas semanas antes, había comprado una pistola semiautomática modelo Glock 19, de 9mm. Temprano el sábado por la mañana había comprado municiones en un mercado Super Walmart. A las 10:10 de la mañana había abierto fuego contra Gabby y otras dieciocho personas. A las 10:15, diputados del sheriff lo habían detenido. El 9 de enero se encontraba bajo la custodia del FBI. Loughner fue acusado de la muerte de empleados del gobierno federal y de civiles, de atentar el asesinato de un miembro del Congreso, y de atentar contra la vida de empleados federales. Fue detenido sin fianza en la Institución Correccional Federal en Phoenix.

Había reporteros de todo el mundo: británicos, japoneses, chinos, australianos, canadienses, belgas, franceses, alemanes y españoles. El interés internacional resultaba apropiado dada la característica del suceso. Era algo grande. Era la primera vez que una mujer representante al Congreso había sido objeto de un atentado. Y había sido probablemente uno de los más grandes tiroteos masivos, si no *el* más grande, que habíamos tenido en Tucson o en Arizona.

Los reporteros extranjeros no me preguntaban lo que había ocurrido, sino más bien lo que yo pensaba que había sido el motivo. Pero no respondí esa pregunta porque no sabía por qué había ocurrido. Y no me iba a poner a tratar de adivinar, porque cuando uno está manejando mensajes, uno no especula sobre lo que no sabe.

Hice casi todas las entrevistas en inglés. Pero Univisión, la cadena en español basada en Miami, estaba interesada en hablar conmigo porque yo hablaba español. Estaba fuera de práctica porque ya nunca hablaba español con nadie excepto mi madre y mi abuela. Y yo hablo un español de México, porque mi madre es de ese país.

Ernesto Portillo Jr., director de *La Estrella de Tucson*, me hizo preguntas acerca de hablar dos idiomas en casa. Luego supe que en la prensa en español me llamaban "el héroe hispano".

Mis breves entrevistas continuaron durante todo el día desde las cinco de la mañana hasta las diez de la noche algunas veces. No había treguas. Comencé a perder la voz. Corría de una entrevista a otra. Súbitamente me vi renunciando a mi vida normal y a mi horario de trabajo. Echaba de menos el control de lo que hacía. Kelly tenía el control total y yo había estado de acuerdo. Estaba demasiado ocupado para salir a comprar un teléfono celular nuevo y no tenía manera de comunicarme con ninguno de mis amigos.

John Wright me entrevistó para la sección de Té Instantáneo de *Dallas Voice*, una fuente periodística para LGBT (Lesbianas, Gays, Bisexuales y Transgeneristas) de Texas Cuando se publicó la entrevista el titular decía: SE ATRIBUYE A PASANTE GAY HABER SALVADO LA VIDA A GIFFORDS.

Durante el año anterior había sido miembro de la Comisión de la Ciudad de Tucson para asuntos relacionados con gays. Wright me pidió que confirmara que yo era gay y así lo hice. Nunca lo había admitido en público. Era algo que simplemente había ocurrido en mis años de crecimiento. No estaba ocultando nada. Wright usó una cita mía en que decía que Gabby había sido una "gran aliada de la comunidad de LGBT".

Como resultado del artículo de *Dallas Voice*, hice una entrevista más extensa con Chris Johnson del *Washington Blade*, un importante periódico gay en Washington, DC. Cuando empezaba a hablar con el *Blade*, Kelly me dijo: "Si haces esta entrevista, este asunto será de conocimiento público internacionalmente. ¿Estás listo para hacer eso?".

Le dije que sí. Ya estaba por la mitad de la entrevista y no me iba a detener.

Cuando el reportero del *Blade* me preguntó si yo pensaba que debía ser considerado un héroe, le dije: "No creo que el uso de la palabra 'héroe' sea apropiado, porque valientes son aquellos que se involucran y toman acción. Los verdaderos héroes son personas como la congresista Giffords... personas que han dedicado sus vidas al servicio público".

Cuando Johnson me preguntó si los temas gay estaban entre mis prioridades, le contesté que estaba más interesado en el servicio público en general.

Cuando la entrevista apareció en el internet, la gente envió sus comentarios. Una mujer escribió: "Me pregunto por qué la orientación sexual de Hernández necesitaba ser discutida en este artículo? ¿Acaso ustedes informan cuando un hombre heterosexual salva el día?".

Pero otra persona escribió: "Creo que su orientación sexual

es relevante. Nuestra sociedad necesita modelos de conducta que sean LGBT, especialmente para personas jóvenes que aún enfrentan abuso de intimidación, acoso y discriminación... Tal vez esto ayude a alguien que está en pugna por ser LGBT, dándole esperanza e inspiración".

No esperaba convertirme en la imagen de todos los grupos que yo represento: hispanos y gays. Nunca imaginé que me convertiría en un modelo de conducta. Este concepto me resulta ajeno porque me había acostumbrado a no recibir ninguna atención. Me disgustaba estar en primer plano, así que no me siento cómodo con esto.

Como le dije a un reportero, no importa realmente si yo me comporté de la manera que lo hice durante el tiroteo porque fuera latino o gay o que simplemente me tocó estar allí el día 8 de enero. No soy un latino modelo o gay modelo. La mejor manera de saber ser un modelo de conducta es concentrándome en ser el mejor Daniel Hernández que me sea posible ser.

Daniel en el estudio con Piers Morgan, hablando sobre la Cruz Roja y sus esfuerzos por promover "Save-A-Life Saturday".

Capítulo cinco
en el capitolio estatal

Ya en la noche del domingo 9 e enero había hecho alrededor de treinta y dos entrevistas. Esa noche, mientras comíamos, Amy Wallace me entrevistó para la revista *GQ* en el centro turístico de Westward Look. Invitó a que participaran Kelly, Kim, mi compañera de casa, y mis hermanas, Alma y Consuelo, a fin de que ofrecieran información adicional acerca de mí. Consuelo tenía diecinueve años entonces y cursaba el primer año en la Universidad de Arizona. Alma tenía dieciocho y estudiaba en el Colegio Universitario Comunitario de Pima. Amy les preguntó a mis hermanas si habían anticipado que yo haría algo tan heroico.

Consuelo dijo: "Mi hermano fue siempre muy crítico y pensaba las cosas dos veces antes de lanzarse. Me sorprende que mi hermano se haya lanzado hacia el peligro, pero a la vez no me sorprende porque él siempre ha sido un alma afectuosa y admira verdaderamente a Giffords. No tengo la menor duda de que si mi hermano se encuentra en una situación en la que hay personas en peligro, no lo pensaría dos veces".

Entonces Consuelo les contó acerca de mi llamada a la casa después del tiroteo. "Toda mi familia estaba preocupada", dijo, "y en lo profundo de mi mente yo oraba para que nada le pasara a mi hermano. Siempre he confiado en las palabras de mi hermano, y cuando él nos dijo por teléfono que no nos preocupáramos, me sentí calmada a pesar de todo lo que estaba pasando".

Después de cenar, Kelly me llevó a la casa de Steve. Steve Farley y Kelly Paisley tienen sus propias casas. Se casaron hace un par de años, pero mantuvieron sus casas: la de él en Tucson, la de ella en Scottsdale. Ella había programado un entrevista en vivo para un programa matutino de televisión en España. Así que a las dos de la mañana me dio el teléfono y me hicieron las preguntas en un castellano puro. Traté de hablarle a la reportera en mi español mexicano, pero fue difícil porque hubo muchas palabras que usaban que yo no entendía y había palabras en el español coloquial de México que no se encuentran en el español de España.

Cuando se terminó la entrevista Kelly y Steve se fueron a dormir. Yo empecé a tratar de encontrarle sentido a todo lo que estaba ocurriendo. Había miles de correos electrónicos. La Universidad de Arizona tenía mi dirección electrónica vinculada al directorio de la universidad y varios medios de prensa habían también publicado mi dirección electrónica. Llegaban muchas notas personales de amigos que estaban preocupados. Traté de enviarles correos electrónicos a amigos en todo el estado informándoles lo que había ocurrido.

Pero había también un correo lleno de odio dirigido a mí, al concejo de la ciudad y al alcalde de Tucson. El hombre decía que era bueno que yo hubiera hecho lo que hice, pero que de todos modos yo terminaría en el infierno por ser gay. Pronto aprendí a sacudir estos mensajes y no dejar que me afectaran.

A las cinco de la mañana estaba de regreso en el CMU con mi camisa azul y mi corbata haciendo otra entrevista con C. J. Karamargin, el director de comunicaciones de Gabby. Entonces Steve y yo aparecimos en el programa *Today* por satélite con Matt Lauer, que estaba transmitiendo desde el lugar del tiroteo. Otro día sin dormir. Me estaba sintiendo realmente cansado. Mientras más entrevistas hacía, más seguía programando Kelly.

Esa mañana Kelly me llevó al capitolio estatal en Phoenix, a un par de horas de distancia, y Steve llevó a mis hermanas. Steve nos había invitado a que participáramos en el día de apertura de la legislatura de Arizona. Él es líder asistente de la minoría. Al principio, Kelly se quedó en la oficina de Steve atendiendo una avalancha de llamadas telefónicas mientras mis hermanas y yo nos sentamos con Steve en el pleno de la

Cámara de Representantes. Luego Kelly bajó y se sentó con nosotros. Yo estaba junto a Steve en el asiento junto al pasillo. Cuando la gobernadora Jan Brewer entró y se dirigió al podio dijo que había tenido la intención de pronunciar su discurso sobre el Estado del Estado.

"Pero ahora no", dijo. "Hoy no. La tragedia y el terror a veces nos llega de las sombras... Lo cual fue lo que ocurrió el sábado, cuando un pistolero eliminó a personas que amamos... El pistolero hirió gravemente a otros, a personas que amamos y respetamos". Pidió tener un momento de silencio. Entonces la gobernadora Brewer nombró a las víctimas que habían muerto y a las que habían sido heridas, y reconoció a los arizonenses que las habían ayudado. "Daniel Hernández... demostró no tener miedo de enfrentar disparos de un arma de fuego", dijo. "Su rápida acción al acudir a ayudar a Gabby Giffords probablemente le salvó la vida. Daniel está aquí hoy y le voy a pedir que se ponga de pie para recibir la gratitud de un estado agradecido". Me puse de pie y todos se pusieron de pie, aplaudiendo. La gobernadora terminó su charla con palabras inspiradoras. Al salir de la cámara, se detuvo y me abrazó con palmadas en la espalda.

Después nos reunimos con ella, y mis hermanas y yo nos retratamos con ella. Los demócratas de la legislatura estatal tuvieron una conferencia de prensa afuera del capitolio y Steve contó cómo yo lo había llamado desde la ambulancia rumbo al hospital con Gabby. Y cómo me encontraron cubierto de sangre de la cabeza a los pies cuando Kelly y él llegaron al CMU. Steve dijo que la noche del tiroteo había habido una vigilia alumbrada con velas. Y dijo también: "Debemos hacer que la gente se sienta mejor sobre lo que ocurrió... Podemos, aquí en Arizona, mostrarle a la nación cómo se gobierna con civilidad".

Daniel habla en una conferencia de prensa frente a la Cámara estatal después de haber sido presentado por la gobernadora Brewer

Kelly continuó recibiendo llamadas de la prensa y yo hice más entrevistas ese día, terminando con Rachel Maddow en MSNBC. Kelly me dijo que las llamadas llegaban con tanta rapidez que ella no podía escuchar sus mensajes sin ser interrumpida. Esa noche nos quedamos todos en su casa en Scottsdale, un suburbio de Phoenix que cuenta con muchos centros turísticos y campos de golf. Kelly desconectó el teléfono para que yo pudiera dormir por primera vez desde el sábado.

Daniel visita a Rachel Maddow en su oficina en Nueva York

Cuando estábamos todavía en Phoenix, me dijo que el presidente Obama venía a Tucson el miércoles. Accidentalmente, yo había ignorado dos llamadas de la Casa Blanca. Uno de los mensajes decía: "El presidente está sentado en la Oficina Oval y quisiera hablar con el Sr. Hernández dentro de la próxima media hora". A la hora que escuché el mensaje era ya muy tarde para devolver la llamada. Por suerte, logré ver al presidente en persona.

Capítulo seis
el memorial en Tucson

Se suponía que el semestre comenzara el miércoles 12 de enero, pero las clases se pospusieron un día porque el presidente vino a la Universidad de Arizona. Hubo una ceremonia memorial en el Centro McKale, un estadio deportivo que se usa principalmente para juegos de baloncesto. El lugar estaba repleto. Había mucha gente del Servicio Secreto.

Antes de comenzar el programa mis padres y hermanas fueron detrás del escenario a conocer al presidente y a su esposa. Yo me quedé en el área del público general esperando que me asignaran mi asiento. Temeroso de que a lo mejor tendría que hablar en el programa, había escrito algunas notas. Aun en esa etapa pensé que me dirían que mis contribuciones no eran necesarias. Yo sabía cuál era mi lugar. Era un pasante de veinte años y sentía que no era mi tarea hablar ante una audiencia de millones de personas en la misma ocasión que el presidente y la gobernadora.

Cuando el programa estaba a punto de comenzar, la madre de Gabby, Gloria, se me acercó y me dio un abrazo masivo de los que sólo una madre es capaz de dar. Estaba llorando y simplemente me decía: "Gracias por salvar a mi hijita". Entonces me tocó el cuello y me preguntó si yo tenía una cadena como la de ella. Le dije que a mí no me gustaban las joyas y me sentí confundido de que me estuviera hablando de joyas en un momento como ese. Entonces se quitó una cadena que tenía un medallón de plata de la Virgen de Guadalupe, ícono religioso de los católicos mexicanos. Dijo que Gabby le había comprado ese medallón cuando estaba estudiando en Chihuahua, México, y se lo había traído como un regalo. Gloria me lo puso y me dijo: "Es un préstamo. No te lo puedes quitar hasta que Gabby regrese al trabajo". Lo he llevado puesto desde entonces y no me lo he quitado. (Aunque Gabby votó en favor de una ley en agosto de 2011, ella se encuentra aún en rehabilitación y no ha regresado al trabajo a tiempo completo.)

El medallón de la Virgen de Guadalupe que Gloria Giffords le prestó a Daniel

Gloria regresó a su asiento porque la ceremonia estaba a punto de comenzar. Nos habían asignado nuestros asientos. Yo estaba aún de pie cuando el presidente Obama se me acercó. Quería estrecharle la mano, pero me abrazó y me dijo en un susurro: "Señor Hernández, he oído hablar mucho de usted. Es para mí un honor conocerlo". Brevemente, me hizo preguntas sobre lo que había ocurrido. Le conté lo que había pasado y me dijo que estaba muy orgulloso. Me presentó a Michelle Obama y ella me dijo lo mismo. Hablé con ella durante unos treinta segundos. Fue muy gentil y amable. También me abrazó en lugar de darme la mano. Si yo no conozco a alguien, la mayoría de las veces prefiero sólo darle la mano, aunque sea el presidente de Estados Unidos, pero durante el año pasado he aprendido a aceptar que me abracen más personas que las que me hacen sentir cómodo. El presidente se sentó a mi lado. A mi otro lado se sentó la magistrada retirada de la Corte Suprema, Sandra Day O'Connor. Ella nació en Arizona y figura entre mis héroes personales. Había sido líder en el capitolio estatal durante muchos años antes de convertirse en la primera mujer nombrada magistrada de la Corte Suprema. Michelle Obama se sentó al otro lado del presidente y Mark Kelly, esposo de Gabby, se sentó junto a ella.

El programa comenzó con la Orquesta Sinfónica de Tucson tocando *Fanfare for the Common Man* (Fanfarria para el hombre común) de Aaron Copland. Entonces el Dr. Carlos Gonzales, miembro de la facultad de UA, ofreció una bendición estilo yaqui con una pluma de ave. Contó que era mitad mexicano y mitad indio nativo de Estados Unidos procedente del lado sur de Tucson, donde yo me crié. Dijo lo fenomenal que había sido poder recibir una educación en la Universidad de Arizona y luego regresar aquí a enseñar.

Después el Dr. Robert Shelton, que fue presidente de nuestra escuela durante mucho tiempo, dio la bienvenida a todos los presentes en el evento nombrado "Juntos prosperamos" (Together We Thrive), y luego todos cantamos el himno nacional.

Cuando el Dr. Shelton habló, dijo: "Esta noche estamos reunidos aquí como miembros de una comunidad para compartir nuestro duelo por una pérdida trágica y sin sentido... Nadie que viva aquí ha podido evitar sentirse conmovido por los sucesos del sábado pasado. En los últimos días he oído repetidamente a personas preguntar: '¿Cómo pudo ocurrir algo así y cómo pudo haber ocurrido aquí, en nuestra ciudad?'... Este ataque... nos ha cambiado a todos". Dijo que la ceremonia daría comienzo al "proceso de curación". Entonces añadió: "Entre los muchos héroes que hubo esta semana, uno de ellos fue alumno nuestro". Pronunció mi nombre y todos se pusieron de pie y me ovacionaron. El presidente Obama se volvió hacia mí aplaudiendo también.

Foto cortesía de Arizona Daily Wildcat

El presidente Obama aplaude a Daniel durante el memorial en Tucson.

Yo estaba aterrado, aunque trataba de lucir calmado. Sabía que se esperaba que hablara. Pero había dejado mis notas en el asiento. Cuando empecé a caminar hacia el podio, un compañero del equipo me susurró: "No la vayas a c**** ahora".

Mi amiga Emily Fritze, que era entonces presidenta de la Asociación de Alumnos de la Universidad de Arizona (ASUA por sus siglas en inglés), subió conmigo y habló primero. Contó que ella también había sido pasante en el equipo de Gabby. "Necesitamos continuar dedicándonos con devoción al servicio público", dijo. Entonces Emily hizo un gesto hacia mí y dijo que "como amiga, no me sorprendió oír hablar de sus acciones de valentía desinteresada... Les presento a mi compañero estudiante y querido amigo Daniel Hernández".

Todos se pusieron de pie y aplaudieron otra vez. Me encontraba frente al presidente y Michelle Obama, dignatarios públicos y una multitud de más de 27,000 personas. Millones más estaban viendo el evento por televisión. Fue una de los momentos en que más miedo he sentido. Pero de algún modo sabía lo que tenía que decir.

"Quisiera... comenzar con unas breves palabras", dije. "*E pluribus unu*... De muchos, uno. Una cosa que hemos aprendido de esta gran tragedia es que tenemos que unirnos. El sábado todos nos convertimos en tucsonenses. El sábado todos nos convertimos en arizonenses. Y por encima de todo, todos nos convertimos en estadounidenses.

"A pesar de las horribles acciones del sábado, donde tantas vidas se perdieron", continué, "vimos algunos rayos de esperanza. Estos rayos de esperanza vienen de personas que son los verdaderos héroes". Lamenté que yo no era uno de ellos y nombré a Pam Simon, a la congresista Giffords, a Ron Barber, a los que primero respondieron, y a personas como el Dr. Rhee, que estaba realizando un trabajo extraordinario asegurándose de que Gabby estuviera en buen estado y atendiendo a los demás que habían sido heridos.

Otra vez la multitud me dio una gran ovación.

"Nos hemos unido todos", dije, "para cobrar conciencia de que lo que nos define no son las diferencias... Todos somos una familia. Todos somos estadounidenses. Y debemos reconocer que los verdaderos héroes... son las personas que han dedicado sus vidas al servicio público". Agradecí al público sus honores, pero les dije: "Tengo que rechazar el título de héroe y reservarlo para aquellos que lo merecen..., las personas que han dedicado sus vidas a servir a los demás".

Emily Fritze presenta a Daniel en el memorial

Hubo aclamaciones cuando abandoné el podio y regresé a mi asiento. Michelle Obama me abrazó otra vez.

La gobernadora Brewer fue la próxima en hablar. "Gracias, Daniel, por tu valor tan excepcional que probablemente le salvó la vida a Gabby Giffords", dijo ella. Entonces le dio las gracias al presidente por venir a ayudar el proceso de curación. Mientras ella hablaba, me senté con las manos entrelazadas en mis piernas. No sabía cómo reaccionar, especialmente cuando recibía un reconocimiento. No me sentía cómodo con el halago porque pensaba que no lo merecía.

Después del discurso de la gobernadora, Janet Napolitano, secretaria del Departamento de Seguridad Nacional y que antes de incorporarse al gobierno de Obama había sido gobernadora de Arizona, y Eric Holder, secretario de justicia, leyeron porciones de la Biblia.

Entonces el Dr. Shelton dijo: "Nos sentimos verdaderamente honrados de tener con nosotros esta noche al líder de nuestra gran nación... Por favor, denle la bienvenida al presidente de Estados Unidos, Barack Obama".

Me puse de pie con los demás y todos continuamos aplaudiendo. Finalmente el presidente nos pidió que nos sentáramos y comenzó su discurso.

"El sábado por la mañana Gabby, su equipo y muchos de sus electores se congregaron afuera de un supermercado para ejercer el derecho de reunirse pacíficamente y de expresarse libremente", dijo. "Estaban cumpliendo con un principio de la democracia que nuestros fundadores visualizaron". Describió la tradición de Gabby de celebrar "El Congreso en su esquina", y dijo: "Las seis personas que perdieron la vida... representaban lo mejor de nosotros". Una por una, dijo algo breve sobre cada una de las víctimas como si las hubiera conocido: el juez Roll, Dot Morris, Dorwan Stoddard, Phyllis Schneck y Gabe Zimmerman.

"Y además está la niña de nueve años Christina-Taylor Green", dijo en voz baja. "Ella demostró tener una apreciación de la vida nada común para una niña de su edad... Nuestros corazones están destrozados por su muerte súbita. Nuestros corazones están destrozados... y aun así... nuestros corazones están llenos de esperanza y gratitud por los trece estadounidenses que sobrevivieron al tiroteo, incluyendo a la congresista".

En ese momento yo no tenía noticias frescas sobre Gabby. Sólo sabía que el Dr. Rhee la había operado y que seguía en estado crítico en el CMU. Entonce el presidente pronunció las siguientes palabras:

"Acabo de venir del Centro Médico Universitario... donde nuestra amiga Gabby lucha valientemente por recuperarse", continuó. "Les quiero contar... que inmediatamente después de nuestra visita, pocos minutos después de haber salido de su habitación... Gabby abrió los ojos por primera vez".

La multitud emitió un estruendo de júbilo. Yo estaba eufórico. Michelle Obama le apretó la mano a Mark y sonrió.

"Gabby abrió lo ojos", repitió el presidente Obama en voz más alta. "Así que puedo decirles que ella sabe que estamos aquí... sabe que la queremos, y sabe que estamos animándola en lo que sin duda será una jornada difícil... Nuestros corazones están llenos de gratitud por la buena noticia y llenos de gratitud por aquellos que salvaron a otros".

Entonces dijo: "Estamos agradecidos de Daniel Hernández, por su trabajo voluntario en la oficina de Gabby".

"Y, Daniel, lo siento mucho", continuó el presidente en un tono de regaño, "puedes negarlo, pero nosotros hemos decidido que tú sí *eres* un héroe, porque atravesaste el caos corriendo para asistir a tu jefa y cuidarle las heridas y mantenerla viva".

Todos se pusieron de pie y aplaudieron. Me puse de pie y respiré profundamente. En la próxima parte de su discurso el presidente elogió a otros que habían actuado heroicamente el sábado. Entonces habló de cómo podíamos honrar a los caídos escuchándonos mutuamente más cuidadosamente, mostrando más bondad y compasión y manteniendo un "discurso civilizado". De Christina-Taylor Green dijo: "Era una niña joven que estaba apenas adquiriendo conciencia de nuestra democracia... Veía el servicio público como algo emocionante y esperanzador... Yo quiero elevarme al nivel de sus expectativas... Quiero que Estados Unidos sea tan bueno como ella lo imaginó".

Al final dijo: "Que Dios bendiga y guarde a los que hemos perdido en paz y eterno descanso. Que Su amor y cuidados sean con los sobrevivientes. Y que Él bendiga a Estados Unidos de América".

Al regresar a su asiento besó y abrazó a su esposa y la volvió a besar mientras todos permanecíamos de pie aplaudiendo. Entonces se sentó y bajó la cabeza.

Fue uno de los mejores, si no *el* mejor discurso pronunciado por el presidente Obama. Supe después que cuando yo estaba hablando, la gente lo observaba haciendo alteraciones a su discurso por algunos de los comentarios que yo hice.

Después, debido a lo que él dijo de mí, algunos niños pequeños se me acercaron y me rodearon. Querían saber lo que era sentarse cerca del presidente y me pidieron mi autógrafo. Me detuve a hablar con ellos y llegué tarde a la entrevista con Fox News. Pero sabía que era más importante hablar con los niños que hacer una entrevista más. Un productor se acercó gritándome porque habíamos perdido el espacio para la entrevista en vivo. Finalmente me abrí paso entre las personas que querían retratarme o saludarme.

Afuera en el área de prensa, donde los camiones de satélites se habían estacionado para cubrir el discurso del presidente, hice siete entrevistas más. Los reporteros repetían las palabras del presidente. Sentí timidez de aceptar el título de "héroe", pero estaba comenzando a aprender cómo recibir elogios.

Daniel se encuentra con Nancy Pelosi en el evento "Juntos Prosperamos"

Capítulo siete
DESPUÉS DE LA TRAGEDIA

Al llegar el jueves, el día después del memorial, había hecho 215 entrevistas y seguía recibiendo ininterrumpidamente solicitudes para hacer más. Había llamadas procedentes de todo el planeta. Mi amiga y publicista voluntaria, Kelly, me dijo que el ciclo normal de prensa se había extendido por la visita del presidente. Ella me animaba a hablarle al mundo. Tener que hablar de lo que había sucedido y revisitar todo el proceso en voz alta, aunque públicamente, fue en realidad la forma en que pude lidiar con todo.

El director de *La Estrella de Tucson* incluso entrevistó a mis padres y hermanas sobre mí. "Es bueno saber que la gente lo admira", dijo Consuelo. Alma dijo: "A veces me enojo porque lo veo tan calmado".

Mi padre dijo: "Siempre tratamos de impartirle el ayudar a la comunidad y comportarse lo mejor posible".

El artículo terminaba reportando que los alumnos de UA regresaban a clases ese día, excepto yo.

Hablé por teléfono con mi consejera, Chrissy Lieberman, quien me dijo que la universidad quería hacer arreglos conmigo para determinar el mejor curso de acción, dado que yo tenía que manejar este frenesí de la prensa. Una de las posibilidades era que podía saltar el semestre. Pero lo que hice fue abandonar todas mis clases regulares excepto el programa de pasantía. Tenía planes de trabajar en la oficina de Gabby porque sentía que no había terminado mi tarea. Tenía muchas cosas más que hacer para ayudar a la gente en la oficina, pero más que todo sentía un sentido del deber hacia Gabby para continuar su trabajo. Aumenté las horas de la pasantía para recibir cierto número de créditos universitarios en el semestre.

El sábado, exactamente una semana después del tiroteo, Christiane Amanpour fungió de moderadora en una asamblea de vecinos en la iglesia de Santa Odilia, la parroquia del juez Roll y de Christina-Taylor Green, que había celebrado allí su Primera Comunión. La reunión fue televisada para el programa *This Week* del noticiero de la cadena ABC. Christiane nombró el evento "Después de la tragedia: Continúa una conversación estadounidense". Ella había congregado a personas de Tucson que habían estado en el lugar de los hechos y en el hospital por ser los más afectados. Hizo un magnífico trabajo hablando de las raíces, sobre cómo llegar al centro de las cosas, todo sin incurrir en nada sensacionalista.

Tomé mi lugar en un panel que incluía a aquellos de nosotros que habíamos estado involucrados ese día y también a la congresista Debbie Wasserman Schultz de la Florida, una buena amiga de Gabby. Nunca la había conocido antes. Me dijo: "Sé que no te gusta esa palabra que empieza con 'H', por lo que simplemente voy a referirme a ti como un *mensch*". Yo sabía que esa palabra significaba "una buena persona" en yiddish. Fue en ese momento que recordé mejores tiempos trabajando y haciendo campaña para la congresista Giffords y Hillary Clinton. Había aprendido yiddish entonces porque las señoras mayores judías en la campaña solían llamarme *bubeleh mensch*. Me sonreí a medias, pero fue bueno recordar mejores tiempos. Llevaba puesto el medallón de plata que la madre de Gabby me había prestado. Lo llevaba colgado por fuera de la camisa blanca.

Christiane abrió el programa con un recuento de los sucesos del sábado anterior y anunció que el mercado Safeway y el estacionamiento estaban otra vez abiertos y habían ya dejado de estar clasificados como escena de un crimen. Una foto de Jared Lee Loughner apareció en las pantallas para los televidentes. Ella lo describió como un hombre con una "visión torcida".

Entonces preguntó al panel: "¿Cuál es la impresión más imborrable que tienen ustedes de ese día?". Dirigiéndose a mí, dijo: "Tú corriste hacia la congresista Giffords que estaba en el suelo sangrando y, según todas las versiones, creaste condiciones para salvarle la vida. ¿Piensas una semana después en lo que te motivó a correr de ese modo hacia ella en medio del tiroteo?

"No", respondí. "Pienso, de veras, que cualquier otra persona habría hecho lo mismo. Aunque Gabby es alguien a quien yo he admirado durante años y considero una amiga, pienso que cualquiera habría hecho lo mismo por cualquier otra persona, porque uno es un ser humano y necesita ayudar a aquellos que lo necesitan".

Entonces le preguntó a Pat Maisch cómo le había arrebatado el cargador al que disparaba en el momento en que se lo sacaba del bolsillo para recargar la pistola. Y Bill Badger contó cómo había derribado al hombre. Comentó lo rápido que habíamos fraternizado como resultado de nuestras acciones. Yo había visitado a Ron Barber en el hospital inmediatamente después del tiroteo. Desde entonces no nos habíamos visto con frecuencia, pero habíamos hablado por teléfono e intercambiado correos electrónicos para mantenernos informados de lo que estábamos haciendo. Luego todos fuimos invitados a sentarnos como Héroes del Día en varios eventos y el sheriff del condado de Pima nos condecoró con medallas, a nosotros y a los policías y a los que habían sido los primeros en responder.

El Dr. Bowman y su esposa Nancy, que es enfermera, estaban en el público y hablaron acerca de su participación. "Habíamos acabado de pasar junto a la congresista Giffords y estábamos en los estantes de vegetales [del mercado]", dijo.

"Sonaron disparos muy rápidos... Al llegar a la puerta principal, una pareja corrió hacia adentro y una mujer gritó: '¡Le dispararon! ¡Le dispararon a la congresista Giffords!'. La mujer tenía sangre encima cuando entró en la tienda". El Dr. Bowman y su esposa corrieron hacia afuera. "Me puse de pie... detrás de una columna", dijo, "y no hubo más disparos... Lo primero que vimos fue a Daniel con la congresista Giffords".

Nancy dijo: "Yo salí e inmediatamente comencé a darle respiración de boca a boca al juez Roll... Un extraño se me acercó y dijo: 'Puedo ayudar. Dígame lo que tengo que hacer'".

"Todos estaban ayudando a alguien", dijo el Dr. Bowman.

La congresista Wasserman Schultz dijo: "Por un acto de maldad hemos tenido la oportunidad de ver la abrumadora bondad que existe en este país".

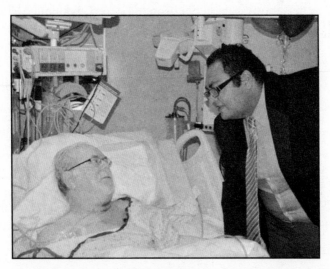

Daniel visita en el hospital a Ron Barber, director del distrito

Christiane le preguntó cómo estaba Gabby. Y ella respondió: "Cada día mejor. El miércoles fue un milagro verla... con los ojos abiertos... resultado de nuestro ruego de que regrese a nosotros".

Christiane elogió al Dr. Bowman, a su esposa y a todos nosotros como héroes. "Algunas de estas increíbles personas aquí le salvaron... la vida a su amiga", le dijo a la congresista Wasserman Schultz. El público aplaudió. Pero cuando Christiane dijo: "Dr. Bowman, sé que usted no se siente cómodo con la idea de que lo consideren un héroe", el Dr. Bowman respondió: "No creo que ninguno de nosotros lo sea, ni siquiera Daniel".

Sonreí. "Estoy de acuerdo".

En el próximo segmento de la reunión, hubo una discusión acerca de la ramificación del tiroteo. "¿Cómo podemos detener a alguien con tendencias violentas antes de que pueda actuar?", preguntó Christiane.

Le preguntó al sheriff auxiliar Richard Kastigar, que integraba el panel, sobre el progreso de la investigación. ¿Estaba cooperando el acusado? El sheriff dijo que Loughner había sido entregado al FBI ocho o nueve horas después del tiroteo y no les había dado mucha información. Fue la primera vez que supe algo acerca de Loughner.

Había sido conflictivo en las clases del Colegio Universitario Comunitario de Pina. Había habido indicaciones de inestabilidad mental, pero el sheriff señaló que su conducta entonces no cumplía con el parámetro que justificara su arresto legal. Un hombre que tenía una barba oscura y el pelo teñido de tres colores diferentes —morado, rosado y verde— se puso de pie y dijo que había sido condiscípulo de Loughner en la clase de poesía. "En la clase en que compartíamos su conducta hacía que las personas se sintieran incómodas", dijo el compañero de clase. "La gente se sentía inquieta alrededor suyo, aunque no se *comportaba* agresivamente. [Pero] se le notaba una falta de estabilidad".

Una vecina que vivía frente a Loughner dijo que habría deseado haber tenido el valor de decirles algo a sus padres cuando notó su conducta aparentemente antisocial.

Esto dio lugar a una discusión sobre enfermedades mentales crónicas, cómo reconocer sus señales y síntomas y lograr que las personas se sometan a tratamiento.

Entonces surgió el tema de las armas de fuego y cómo mantenerlas fuera de las manos de los enfermos mentales. El sheriff auxiliar Kastigar aclaró que la persona que le vendió el arma semiautomática a Loughner estaba obligado por ley a hacerlo. Christiane repitió el derecho a portar armas protegido por la Segunda Enmienda y dijo que era un tema muy controversial. También señaló que "Arizona es un estado que le tenía mucho apego a sus armas de fuego". Su colega David Muir dijo: "Y podríamos señalar que la propia congresista Giffords se sentía orgullosa de portar un arma".

Algunos en el público comentaron sobre el control de armas

de fuego. Alguien dijo: "Es hora de que este país tenga una seria conversación sobre el tema".

Aunque no lo dije en voz alta, no pienso que el control sobre las armas de fuego fuera un tema que necesitábamos discutir en ese preciso momento. El tema en el que necesitábamos concentrarnos era el de la salud mental.

Para cerrar la reunión Christiane preguntó: "¿Qué podemos aprender de esta tragedia?".

La gente habló de la necesidad de sostener un discurso con mayor civilidad. El alcalde Bob Walkup dijo que, aunque él era republicano y Gabby era demócrata, ambos siempre hablaban de "lo que era mejor para nuestra comunidad".

Cuando me tocó a mí hablar, dije: "Debemos ser una comunidad nacional que logre la unidad. Algo bueno debe surgir de todo esto".

El programa se transmitió el domingo por la mañana. Una verdadera conversación estadounidense prosiguió. Compartíamos lo que pensábamos, tal como habría sido la intención de Gabby de que lo hiciéramos.

Capítulo ocho
en la casa blanca

El 23 de enero recibí una llamada de la Casa Blanca. Brian Bond, subdirector de Public Engagement que había trabajado en temas de LGBT en la Casa Blanca, me extendió una invitación del presidente Obama para asistir al discurso del Estado de la Unión. Me tocaría sentarme en el palco de la Primera Dama y podría traer un invitado, por lo que invité a mi padre a que me acompañara. Él nunca había estado en Washington, DC. Cuando llamé a mis padres para darles la noticia, se emocionaron mucho, pero estaban preocupados. Querían estar seguros de que el viaje no interferiría con mis estudios, pues esa debía ser aún mi primera prioridad. Les aseguré que había hablado con mi consejera. No estaba tomando clases regulares ese semestre excepto el programa de pasantía y esas horas eran ajustables.

El siguiente día mi padre y yo viajamos en avión a

Washington y nos hospedamos en un bello hotel en el centro de la ciudad llamado St. Gregory. El gerente, Jay Haddock, fue más allá de lo que era su tarea para hacerme sentir bienvenido, desde darme atención especial en el momento de mi llegada hasta obsequiarnos amables regalos, incluyendo una bata de baño y una almohada bordada que todavía uso.

Kelly ya estaba allí para una reunión de Emerge, una entidad que entrena a mujeres demócratas para postularse a cargos públicos. Kelly era la presidenta de la junta de directores de Arizona. Durante años ella había trabajado en tareas políticas a nivel estatal y nacional y conserva muchos amigos en Washington. Los amigos de Kelly lograron hacer arreglos para que mi padre y yo hiciéramos una excursión privada de la Casa Blair, que el presidente utiliza para alojar invitados y jefes de estado. Por lo general, no está abierta al público.

El martes 25 de enero, el mismo día del discurso del Estado de la Unión, cumplía yo veintiún años de edad. Fue una gran coincidencia. Por la tarde hice entrevistas en toda la ciudad. Llevaba puesto un traje oscuro, camisa blanca (mi selección para ese día) y una corbata color azul sólido. En el noticiero de la cadena de televisión ABC me entrevistaron para el programa *Top Line*. Rick Klein, presentador del programa, comenzó deseándome un feliz cumpleaños. Entonces me pidió que describiera lo que había significado para mí vivir la locura de las dos últimas semanas, la transición de pasante a héroe nacional. Dije que había sido un torbellino hablar antes del presidente en Tucson y venir ahora como invitado de la Primera Dama en su palco. Expliqué que la experiencia había sido absolutamente increíble. "Hubiera deseado que las circunstancias hubieran sido otras", dije. "Ha sido definitivamente una experiencia agridulce". Era todavía muy surrealista lo que estaba ocurriendo.

Entonces Rick Klein me preguntó cómo utilizaría mi nuevo estatus de celebridad. ¿Había recibido ofertas de trabajo? "Siempre he querido dedicarme al servicio público", dije, "y siempre recibí inspiración de personas como la congresista Giffords... Los hechos que ocurrieron en Tucson el día ocho no hicieron más que reforzar mi deseo de ingresar en el servicio público". Entonces la co-presentadora de *Top Line*, Amy Walter, me preguntó si tenía planeado postularme para algún cargo en el futuro. Respondí que primero quería terminar mis estudios en la Universidad de Arizona. "Tengo sólo veintiún años, desde hace apenas unas horas", dije y ella se rió.

Mientras acudía a mis entrevistas los amigos de Kelly llevaron a mi padre a una excursión turística por la ciudad. Él trabajaba en la construcción, pero el año pasado se cayó de un contenedor de escombros y se destrozó el tobillo, por lo que ahora caminaba con muletas. Kelly dijo que era más fácil para ellos llevarlo en silla de ruedas porque había que caminar mucho.

A las seis y media esa noche fui a una recepción en la Casa Blanca. Fue algo irreal. No podía creer que esto me estaba ocurriendo a mí y me sentí un poco anestesiado. Cruzamos el área de césped y entré en un vestíbulo con el Dr. Rhee, cirujano de trauma que había operado a Gabby. Los miembros de su equipo médico y él eran también invitados de Tucson. Y los padres de Christina-Taylor Green estaban allí con el hermano de Christina, Dallas, de doce años de edad. Entre los invitados también estaba Wendell P. Weeks, presidente y ejecutivo principal de Corning, Inc., y el Sargento Salvatore Giunta, ganador de una Medalla de Honor. Era fenomenal conocer a todas estas personas. El esposo de Gabby, Mark, había sido invitado, pero había optado por permanecer junto a su esposa en el hospital de Houston, adonde la habían transferido. Gabby permanecía en una unidad de cuidados intensivos. Sus médicos esperaban que estuviera lista para transferirla a una institución de rehabilitación.

El sargento Salvatore Giunta, merecedor de la Medalla de Honor del Congreso, junto a Daniel en la Casa Blanca antes del discurso del Estado de la Unión

Dentro de la Casa Blanca, Michelle Obama nos abrazó a Kelly y a mí. Kelly le dijo que ella había dirigido la campaña de

Obama en Arizona y que había esperado dos años para darle ese abrazo. Mi padre estaba encantado de encontrarse con Michelle Obama otra vez y de conocer a Bo Obama, el perro presidencial. Es un perro de agua portugués y nos tomamos fotos acariciándolo.

Kelly se quedó con mi padre a ver el discurso en el Salón Azul, mientras el resto de nosotros salimos en un caravana de automóviles hacia el Capitolio. Yo iba en una furgoneta con el Dr. Rhee y Ursula Burns, ejecutiva principal de Xerox.

En la Cámara de Representantes había una seguridad hermética. Un guardia nos acompañó hacia el palco de la Primera Dama. Michelle Obama llegó después que nosotros. Se sentó en la primera fila junto a la familia Green y yo me senté en la última fila.

Abajo en el pleno de la Cámara, muchos senadores y representantes, así como el vicepresidente, llevaban cintas blancas y negras como las mías. En Tucson las veníamos usando desde el tiroteo. La cinta negra era para expresar duelo por aquellos que habían muerto o habían sido heridos. La blanca simbolizaba esperanza y paz. La delegación de Arizona ante la Cámara dejó un escaño vacío en el pleno para reconocer la ausencia de Gabby. Como homenaje adicional, docenas de demócratas y republicanos cruzaron el pasillo que suele separar los miembros de ambos partidos y se sentaron juntos en una demostración de unidad. Y entre la multitud abajo en el pleno, la congresista Debbie Wasserman Schultz gritaba en voz alta mi nombre y me soplaba besos a la vez que agarraba a otros señalando hacia mí antes de que comenzara el discurso.

Cuando el presidente Obama entró y comenzó su discurso, dijo: "Al marcar esta ocasión estamos conscientes del escaño vacío en este cámara, y oramos por la salud de nuestra colega y amiga Gabby Giffords".

Todos nos pusimos en pie y aplaudimos.

El presidente continuó diciendo: "La tragedia en Tucson... nos recordó que sin importar quiénes somos o de dónde venimos, cada uno es parte de algo mucho mayor, algo más consecuente que un partido o una referencia política. Somos parte de la familia estadounidense".

Durante su discurso en que habló de una nueva era de cooperación y trabajo en conjunto hubo momentos de aplausos y muchas ovaciones de pie. El Estado de la Unión es un momento crucial porque constituye una oportunidad de saber dónde estamos y hacia dónde nos dirigimos como nación en el año que comienza. El presidente tocó varios temas: educación, la reforma de la escuela pública, el cuidado de la salud, la lucha por crear nuevos empleos y preparar al mundo para la paz.

En conclusión dijo: "Es debido a nuestro pueblo que nuestro futuro es esperanzador, nuestra jornada avanza y el estado de nuestra unión es fuerte".

Me puse de pie y me sumé al aplauso entusiasta.

Luego nos llevaron al nivel del sótano. Yo fui el segundo en la fila para que nos tomaran una foto con el presidente.

Mientras esperaba, tuvimos la oportunidad de ver a personas que nunca pensé vería en persona, desde miembros del gabinete, como Hillary Clinton, hasta el presidente de la Cámara, John Boehner, que pasaban junto a nosotros al salir del Capitolio. Cuando finalmente tuve la oportunidad de regresar a la Primera Pareja, el presidente notó que ambos llevábamos la misma corbata y bromeó acerca de nuestras "poderosas corbatas azules". Michelle Obama me preguntó si mi padre y mi amiga [refiriéndose a Kelly] estaban aún esperándome en la Casa Blanca, y me dijo que les dijera que había sido un placer haberme tenido allí para el Estado de la Unión.

Daniel con el Presidente y la señora Obama

Kelly y yo llevamos a mi padre con nosotros para hacer más entrevistas, y luego lo llevamos al hotel. Era ya tarde cuando terminé. Fui a un bar solo cerca del hotel para tomarme mi primer trago a la edad de veintiún años. Era casi la hora de cerrar, pero el barman me reconoció y me sirvió una cerveza por la casa. Me tomé la mitad. Temprano la mañana siguiente recibí una llamada de Kelly preguntándome cómo me había ido el resto de la noche. Le dije que había regresado al hotel y me había ido a la cama. No mencioné que me había detenido en un bar para tomarme un trago. Pero ella se rió y me dijo: "Veo todo lo que haces", y me envió un link al sitio Web de POLITICO, que tenía una breve nota sobre cómo me habían visto en un bar en Washington, DC.

Esto me hizo comprender que todo lo que hacía estaba bajo escrutinio. Tenía que tener claridad sobre cómo se percibía todo lo que hacía.

El viernes regresé a Tucson y mis padres me celebraron una tardía fiesta de cumpleaños en el traspatio de la casa de una de mis tías. Mi mamá hizo un pastel y encima colocó la foto mía con el presidente Obama.

Alma, los padres de Daniel, Daniel y Consuelo
celebran con retraso el cumpleaños veintiuno de Daniel.

Segunda parte

~ mis años de crecimiento ~

Capítulo nueve
La vida en Tucson

A mí me encanta Tucson. No importa lo que esté haciendo, siempre voy a querer vivir allí. Para mí, Tucson no es sólo un lugar sino que es parte esencial de lo que yo soy.

Me crié en el sur de Tucson. De niño estaba consciente de la parte de la ciudad en que vivía. Mis condiscípulos y yo vivíamos en condiciones mucho más pobres que los niños en otras partes de la ciudad. El sur de Tucson está habitado mayormente por la clase trabajadora de bajos ingresos y de orígenes étnicos. Muchos latinos viven allí. No recuerdo si había algún anglo en el barrio. Las únicas personas que recuerdo que no eran latinos eran unos afroamericanos que vivían diagonalmente frente a nosotros. Nuestra casa en la Avenida Diecisiete South era pequeña, pero siempre tuve mi propia habitación.

Tuvimos suerte. Mi padre trabajaba en la construcción y

ganaba buen dinero durante el boom de construcción en Arizona. El nombre de mi padre es Daniel Espinoza Hernández. Me nombraron por él, pero no tengo exactamente el mismo nombre, a pesar de que se me considera un "Jr.". A mi madre no le gustaba el segundo nombre de mi padre y decidió bautizarme como Daniel Hernández Jr., sin segundo nombre. En algunos formularios mi apellido se convirtió en mi segundo nombre.

Mi padre se crió en una finca en Van Nuys, California, un suburbio de Los Ángeles. Es descendiente de mexicanos-americanos. Su madre lo abandonó a él y a sus cuatro hermanos y los dejó a cargo de sus abuelos, que eran muy estrictos. Su niñez fue dura. Papá era un ávido deportista y jugó en el equipo regular de todos los deportes en la escuela secundaria, desde lucha libre hasta béisbol. Lo reclutaron para jugar béisbol para una universidad y para grandes ligas, pero se lesionó y no pudo jugar más a un nivel superior. De modo que su hermano y él comenzaron a trabajar en la construcción viajando por todo el país y enviándoles dinero a sus hermanas.

Mi padre conoció a mi madre, Consuelo, en una fiesta. Es diez años mayor que ella. Él nada más hablaba inglés y ella nada más hablaba español, pero se conectaron. Él vivía en Tucson y la cortejaba. Ella vivía en Nogales (en Sonora, México), donde había nacido. Hay un Nogales en Sonora, México, y un Nogales en Arizona. El pueblo en el lado mexicano está decrépito y en ruinas. Muy poco desarrollo ha habido allí en los últimos treinta años y el pueblo no está bien cuidado. Nunca me gustaba ir allí, pero a mamá le gusta regresar porque Nogales es su hogar en la misma forma que Tucson es el mío.

Había trece hijos legítimos en la familia de mi madre. Cuando mi abuelo murió supimos que había otros medio-hermanos con familias en México. Mi abuelo tuvo por lo menos veinte hijos. Tenía buena situación económica. Era dueño de camiones comerciales que transportaban frutas y vegetales desde México. Sus trece hijos legítimos tuvieron oportunidad de estudiar en México. Las mujeres tenían la tendencia de casarse y los hombres trabajaban en la construcción. Cuando mi mamá conoció a mi papá ella trabajaba en un laboratorio. Se casaron un año más tarde cuando ella tenía treinta o treinta y un años y se mudaron a Tucson. Ella tiene ahora estatus de residente. Tiene licencia de conducir, pero no puede votar.

Nací un año después de que mis padres se casaron. Mi hermana Consuelo nació dos años después y un año después nació Alma. En la casa hablábamos español con mi madre e inglés con mi padre. Mi madre y mi padre hablan entre ellos una mezcla de español salpicado con inglés. Aunque mi mamá entiende perfectamente el inglés, no se siente lo suficientemente confiada para hablarlo.

En mis años de crecimiento, mis padres enfatizaban la importancia de la educación. Cuando estaban comprometidos para casarse discutieron sus planes para criar hijos. Papá dice que me leía libros antes de que yo naciera. Cuando yo era pequeño, él me leía todas las noches en inglés, libros como

Green Eggs and Ham del Dr. Seuss, y *Are You My Mother?*, de P. D. Eastman. Y yo le decía: "Léemelo otra vez".

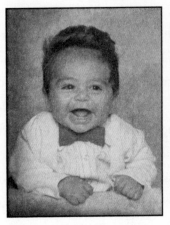

Fotos de la infancia de Daniel y sus hermanas

Pero siempre fui independiente. A la edad de tres años no quise que mi padre me siguiera leyendo porque quería aprender a leer por mi cuenta. Papá le dijo a un reportero del *Arizona Republic* que yo era superdotado. "Había que tenerle miedo cuando tenía 5 o 6 años", le dijo papá. "Las cosas que se le ocurrían. Nos dejaba asombrados".

También le dijo al reportero que a la edad de cinco años decidí ser médico como mis dos tíos en México. Esto es parcialmente cierto. Sólo uno de mis tíos es médico. Pero yo tomé la decisión por otra razón.

Cuando tenía cinco años, estaba en el borde de la cama con mis hermanas menores, Alma y Consuelo cuando Alma empezó a saltar en la cama y me caí de espaldas. Se me hizo una herida en la parte de atrás de la cabeza. (Todavía tengo una marca ahí.) Empecé a sangrar profusamente. Era en realidad una herida pequeña, pero no lo veía así en aquel momento. En esos días sólo teníamos un automóvil y mi papá se lo había llevado al trabajo. De modo que cuando mi mamá vio lo que había ocurrido, llamó un taxi y me envolvió la cabeza con una toalla para contener el sangramiento. Salimos a toda prisa hacia el hospital.

Al llegar allí, una enfermera se me acercó, me miró la cabeza y dijo: "Vas a estar bien. No más tenemos que limpiarte ahí. Todo va a salir bien". Ella realmente me ayudó a calmarme. Porque cuando uno tiene cinco años y solamente ha oído decir que llevan a la gente al hospital cuando se van a morir, me daba miedo estar allí. De modo que me limpiaron la herida y me hicieron lo que yo pensé que era un escanograma. Después, mientras la enfermera y el médico esperaban los resultados me permitieron acompañarlos. Mi madre estaba histérica, por lo cual el médico me llevó consigo. La enfermera y él me permitieron acompañarlos para ver lo que hacían.

Alguien en la sala de emergencia estaba teniendo un ataque y la enfermera lo estaba atendiendo. También vi al médico y a la enfermera extrayendo sangre y tratando de atender a múltiples pacientes. Esa fue la primera vez que había visto a una enfermera y a un médico en acción y realmente creo que eso fue lo que me motivó ayudar a otros.

Mi herida requirió puntos. Me dolió, pero el médico terminó regalándome cinco dólares. Me dijo que me iba a dar un dólar por cada punto porque no había llorado. Ya en esa edad yo era muy estoico. No me gustaba demostrar mis emociones. Debido a esa experiencia, me interesé en los cuidados de la salud cuando fui creciendo. En aquella época yo pensaba que la única manera que uno podía ayudar a la gente era como enfermero o como médico.

Capítulo diez
Dominar el inglés

Me encantaba ir a la escuela. Era una oportunidad para llegar a ser el mejor. En la Escuela Primaria Liberty me caían muy bien todos los maestros, muchos de los cuales todavía enseñan. Tenía una maestra llamada señora Martínez en el primer grado y recientemente supe que su tía había sido maestra de mi madre en Nogales, México.

La Escuela Primaria Liberty se encuentra en el Distrito Escolar Unificado de Sunnyside, un barrio mayormente latino. En esos días, del segundo al cuarto grado teníamos un programa bilingüe llamado Programa de Inmersión Bilingüe (BIP por sus siglas en inglés). Como mi mamá era de México, yo recibía clases en una mezcla de español e inglés. El programa ayudaba a muchos de nosotros a aprender ambos idiomas simultáneamente. Nos separaban en grupos y teníamos tres maestros que trabajaban en equipo: el señor Wyatt, la señora Breckenfeld y la señorita Rosales. Yo era un buen estudiante, siempre entre los niveles más altos de la clase.

Sin embargo, a mediados del cuarto grado la ley del estado cambió y se eliminaron los programas bilingüe. Los niños ya no podrían hacer sus estudios en una mezcla de idiomas. No todos hablaban español. Había muchos niños latinos que nunca habían hablado en español. Pero aquellos como yo que no tenían el inglés como idioma nativo serían colocados en clases de inmersión en aulas separadas. En lugar de utilizar los materiales de cuarto grado, como lo estábamos haciendo, leeríamos libros de kindergarten y de primer grado para elevar nuestra capacidad para el idioma. Nos dieron 180 días, el equivalente a un año académico, para hacer la "transición" al inglés. Los alumnos que hablaban el inglés con fluidez permanecieron en el nivel de cuarto grado.

Esto fue implementado de una manera muy súbita: o nadas o te hundes. No era un buen sistema. Investigaciones hechas posteriormente mostraron que sólo el 11 por ciento de los alumnos situados en programas de "transición" aprendieron inglés dentro del período de 180 días.

Yo sabía que tenía que aprender el idioma rápidamente o tendría que quedarme en un nivel inferior. No quería estar en una clase de ESL (inglés como segundo idioma, por sus siglas en inglés) y atrasarme.

De modo que durante el verano me sumergí en el idioma

inglés. Iba a la filial de Valencia de la Biblioteca Pública del Condado de Pima, cerca de mi casa. Estaba abierta todos los días. A veces mi madre me llevaba en automóvil o yo iba y venía caminando. Sacaba diez libros a la vez. Fui de leer *The Cat in the Hat* a *The Lion, the Witch and the Wardrobe*. Y leí los libros de *Star Trek* porque empecé a ver la serie en televisión y me encantaba. Veía todo lo que se transmitía en inglés en televisión: noticieros, cualquier cosa. Por la noche, después de que mis padres se dormían, veía el noticiero de la BBC que se transmitía a la una o las dos de la madrugada, porque estaba interesado en los temas de actualidad. No escuchaba la radio tanto porque prefería las cosas visuales.

Dejé de hablar en español completamente en la casa, aunque mis hermanas y mis padres hablaban en una mezcla de español e inglés. Si me hablaban en español yo respondía en inglés. Mi madre se frustraba y me gritaba por no responderle en español. Ella había tomado cursos en inglés durante años, así que yo sabía que ella entendía lo que yo le decía, pero a ella no le gustaba practicar su inglés. Mis hermanas empezaron a hablarme más en inglés también. Ahora, como adulto, le hablo a mi madre en español, que es lo que ella prefiere, pero cuando tenía diez años, necesitaba aprender inglés rápidamente y seguí mi plan.

Mis hermanas y yo no recibíamos cuotas monetarias mensuales de nuestros padres. Pedíamos cosas y a lo mejor las recibíamos si nos portábamos bien. Papá se aseguraba de que mis hermanas y yo tuviéramos lo que necesitábamos para la escuela. "Si es algo que tiene que ver con la escuela, buscaremos la manera de conseguirlo", era su lema. Averigüé que el *New York Times* les daba un descuento a estudiantes. Le pedí a mi papá una subscripción al periódico y él se ocupó de que yo lo recibiera todos los días. Lo recibía a pesar de que el descuento estaba orientado hacia estudiantes universitarios y yo estaba en primaria. Leía el periódico y podía comprender la mayor parte de su contenido excepto la sección de finanzas.

En la Escuela Primaria Liberty dejé de hablarle a algunos de mis condiscípulos porque sólo hablaban español. Según iba aprendiendo inglés cometía errores y mis compañeros se burlaban de mí por mi fuerte acento. Repetían lo que yo decía exagerando el acento. Me daban deseos de hacerlo mejor que ellos. Me daba cuenta cuando hablaba bien porque la gente me entendía sin preguntarme lo que estaba diciendo.

Mis maestros me animaban. La mayoría hablaba inglés como lengua materna y todos hablaban más o menos del mismo modo. En Arizona no existe un particular acento regional.

En seis meses me deshice de mi fuerte acento y hablé inglés bien. Cuando yo corregía a otros alumnos que estaban aprendiendo inglés y les decía cómo pronunciar las palabras para ayudarlos a mejorar, lo hacía bruscamente y de manera crítica. Me di cuenta de que no lo hacía de una manera constructiva.

Mis maestros querían que yo fuera amable hacia otros alumnos, especialmente aquellos que no entendían inglés.

En cuarto y quinto grado mi maestra era la señora Juanita Diggins. Al principio no me gustaba. Era muy grave. Ella sabía que yo era inteligente y me obligaba a esforzarme más, aun cuando me estaba esforzando lo más que yo creía posible. Me obligaba a hacer tareas extras. Yo pensaba que los límites que me había impuesto eran los más altos posibles, pero la señora Diggins sabía que podía lograr más. Y si yo le hablaba en mala forma, lo cual hacía con frecuencia, me castigaba y me dejaba saber que no estaba actuando como debía. Batallábamos. Me hacía quedarme después de la clase y perderme partes del receso para asegurarse de que yo estaba al día en mis estudios. Esto me enojaba mucho y me quejaba con mis padres todo el tiempo. Pedí que me transfirieran a otra clase.

"Papá", decía yo, "no le caigo bien a la maestra".

Me dijo: "En la vida cada persona es diferente. Cada maestro será diferente. Tienes que encontrarle su lado bueno".

La señora Diggins y yo logramos finalmente ponernos de acuerdo y encontramos la manera de trabajar juntos. Me empezó a dar ideas de leer libros que me desafiaran y me hicieran pensar, aunque no el tipo de desafío que me impidiera disfrutarlos. Me dio a leer el primer libro de Harry Potter cuando se publicó, antes de que se convirtiera en una enorme sensación. Lo disfruté y desde entonces he leído cada una de las novelas.

Mis padres estaban orgullosos de mi trabajo en la escuela y apoyaban mi sueño de estudiar medicina. Comencé a hacer una investigación sobre la ayuda para estudiantes basada en la necesidad y la ayuda financiera basada en los méritos para poder ir a la universidad algún día.

Cuando íbamos a Nogales, en Sonora, en las Navidades para reuniones familiares, mi madre alardeaba de mis logros académicos. Yo hablaba en inglés y mis primos que hablaban español pensaron que yo estaba actuando de manera altanera y con aire de superioridad. Me llamaban gringo, término usado por los mexicanos para describir a los estadounidenses blancos, pero en mi caso la palabra conllevaba otra connotación: un pedante inteligente. Sus madres les decían: "¿Por qué ustedes no hacen lo mismo que Daniel?" y ellos arremetían más contra mí. Me sentí un extraño en mi propia familia y las cosas empeoraron según iba creciendo. Prefería los libros a los deportes. Traía conmigo mis tareas escolares y permanecía en el fondo de la casa estudiando. Hasta mis propias hermanas me mortificaban. Mis primos decían: "Eres tan estúpido que te pasas el tiempo leyendo en lugar de divertirte. Eso es tan gay".

Pensé: *Leer no tiene preferencia sexual*, y sentí ganas de corregir el lenguaje de los insultos de mis primos. No había un instante en que yo no supiera que era gay. Siempre estuve consciente, aunque a la edad de diez y once años no tenía tanta importancia.

Daniel a los cinco años

En todo ese tiempo yo era grande de tamaño, más grande que los demás, incluso en kindergarten y primer grado. Era el más alto. Los niños de mi edad no querían jugar conmigo. Decían: "Tú eres muy grande", por lo que tenía que jugar con niños mayores o con mis hermanas. Ellas actuaban como marimachos que disfrutaban treparse en los árboles, pero yo no quería hacer nada que pudiera lastimarme. Aprendí a usar mi tamaño para intimidar a los abusadores y no para pelear. Siempre podía proyectarme como alguien grande y duro aunque no fuera tan duro como la gente pensaba.

En el quinto grado de la Escuela Primaria Liberty me pusieron a cargo del orden en los pasillos y mi trabajo consistía en evitar que unos niños abusaran de otros o que estuvieran corriendo en los pasillos. Los niños para mortificarme me llamaban *mariquita*, tal vez porque yo usaba una corbata de lacito y chaleco para ir a la escuela o para las fotos de clases (yo pensaba que lucía "profesional") y porque me gustaba que las cosas se hicieran sobre la base de lo que era justo y conllevaba igualdad.

Una vez detuve a un niño que estaba corriendo.

—¿Qué vas a hacer? —me dijo.

—Reportarte.

Me enseñó el puño amenazándome con pelear conmigo. Me fui a casa y le pregunté a mi papá cómo manejar la situación. "Usa tu tamaño", me dijo y me mostró lo que debía hacer.

Al día siguiente volví a detener al niño que estaba corriendo. Antes de que pudiera pegarme, lo agarré por los brazos y les apliqué todo mi peso. Cuando lo solté, salió caminando y ahí terminó el asunto.

Uno de mis maestros, el señor Wyatt, tenía un afiche sobre niños abusadores en la entrada de su aula. NO ESTÁS SOLO, decía el afiche. BUSCA A ALGUIEN CON QUIEN PUEDAS HABLAR. REPÓRTALO. VEN Y HABLA CONMIGO. No tuve mucha experiencia de abusos contra mí, pero los niños a mi alrededor sí la tuvieron. El tema me seguía disgustando. Me enojaba mucho no ocuparnos de algo que todavía no se ha resuelto.

En el quinto grado quería postularme para presidente del concejo estudiantil. Les pregunté a mis padres lo que pensaban.

—¿Qué pasa si pierdo? Es posible que otros alumnos sean más populares.

Papá me dijo: "No vas a llegar a ninguna parte si no lo intentas".

Así que me postulé. Mis hermanas hicieron campaña por mí y repartían caramelos mexicanos envueltos en un papel que decía: "Vota por Daniel". Escribí un discurso y toqué a la puerta de todas las aulas para pronunciarlo.

"Buenas tardes, mi nombre es Daniel Hernández", comenzaba mi discurso. "Estoy aspirando a la presidencia y creo que seré un gran presidente. Las razones son estas. Soy un estudiante de quinto grado responsable. Me gustan los deportes" (lo cual no era cierto) "y leer" (lo cual sí era cierto). "Soy un instructor pacifista y un estudiante bilingüe. Si me eligen les aseguro que juntos podremos hacer que este sea un año divertido y emocionante en una escuela diferente".

Les prometí que, si me elegían, conseguiría un nuevo aparato para el área de jugar en el receso. ¡Y gané! Conseguimos nuevos equipos para el área de juegos que todavía están allí. Realmente fue nuestro director de la escuela, el señor Bernie Cohen, quien se ocupó de resolverlo, pero yo lo pedí y tuve que firmar oficialmente para autorizar los fondos como estudiante de quinto grado y presidente del concejo estudiantil. Esa fue mi primera experiencia en política y, aunque no me daba cuenta entonces, me hacía querer seguir haciendo más.

Me entrevistó el Canal 6 KUAT acerca de las clases

bilingües en Liberty. Esa fue la primera vez que salí en televisión. En esa época me entusiasmaba salir por televisión. Después me di cuenta de que me estaban usando como un peón. Los que proponían un nuevo programa de idiomas estaban tratando de decir: *Miren, a todos les va a ir bien con esto*. Pero el cambio de programa y la eliminación de la educación bilingüe realmente les hizo daño a muchos estudiantes porque se implementó de la noche a la mañana. Pienso que el programa debió haber sido manejado por etapas. Fue después de reflexionar más tarde que me di cuenta de que sólo utilizaría la atención de la prensa para cosas en las que creía. Trabajaría creando mis propios mensajes y no me dejaría utilizar nunca más.

En la graduación de quinto grado pronuncié un discurso como presidente del concejo estudiantil. Hablé en inglés y español para que todos me pudieran entender. Mis padres me regalaron trescientos libros de *Star Trek* que habían comprado en eBay y los libros todavía están apretujados en un estante de mi habitación en mi casa.

No sabía entonces que un día sería miembro de la junta escolar de Sunnyside, ayudando a dar forma a la política de educación.

Capítulo once
La bravuconería

El verano después de graduarme de la Escuela Primaria
Liberty, iba a la biblioteca todos los días y leía más que nunca.
Me quedaba en la sección adulta de libros de no ficción donde
me leí todos los libros acerca del holocausto, incluyendo el titulado *Night* (Noche) de Elie Wiesel.

Ahora la gente me miran extrañados cuando hablo del mi
profundo interés en todo lo que tenga que ver con los judíos.
Todo se remonta a cuando estaba en Liberty. Una de las personas que enseñaba allí visitó nuestra clase en un aniversario de
la liberación de Auschwitz para hablarnos sobre el tema. Ella
nos contó que su familia vivía en Europa durante la Segunda
Guerra Mundial en un país llamado Hungría. Muchos de
mis compañeros de clase eran muy jóvenes y se rieron de que
hubiera un país llamado Hungría. Yo escuché atentamente

su recuento del horrible destino que le había tocado vivir a su familia. Habían sido encarcelados en su propio país y enviados a estos sitios llamados campos de concentración. La mayor parte de su familia había muerto.

Desde entonces me interesan mucho las historias de personas que se sobreponen a enormes prejuicios y obstáculos y que nunca cesan de creer en sí mismas. Me inspiraban las historias de personas que enfrentaron diferentes formas de adversidad y que en los momentos más oscuros se las arreglaron para hallar diminutos puntos de esperanza y creer que las cosas mejorarían. La creencia de que podían hacer que las cosas fueran mejores para otras personas los mantenían luchando. Y estas historias me eran de gran inspiración.

En Tucson se difamaba a la comunidad latina, no tanto en nuestro vecindario y en la escuela como en otras partes de la ciudad. Cuando iba a lugares como el mercado o el cine en el *mall*, los chicos me llamaban "espalda mojada" y "*spic*", así que yo conocía lo que era el prejuicio.

El verano antes de comenzar en la escuela intermedia, leí libros sobre la Segunda Guerra Mundial y biografías de mujeres fuertes como Sojourner Truth, Florence Nightingale, Eleanor Roosevelt, Rosa Parks y Margaret Thatcher. Estas mujeres habían tenido que esforzarse diez veces más que los demás para alcanzar la mitad de sus logros. Demostraron que podían hacer las cosas ellas mismas, impulsadas por lo que querían lograr en lugar de lo que otros querían para ellas.

Algunas veces sacaba veinte libros a la vez de la biblioteca. Mis padres pensaban que me estaba perdiendo parte de la vida y me decían: "Debes divertirte más. Sal a jugar".

Nunca he estado motivado por la diversión. Hablar inglés sin acento era divertido. Leer era divertido y me producía una sensación de éxito.

Cuando empecé en la Escuela Intermedia Apollo a la edad de 10 años y medio, me situaron en un programa de estudiantes superdotados y aumentó el número de mis compañeros de clase anglos. Algunos hacíamos investigaciones e íbamos a la biblioteca de la Universidad de Arizona regularmente. Me gustaba visitar el recinto universitario. A veces íbamos allí en excursiones al planetario o al museo de joyas y minerales en el centro de ciencias. Desde entonces ya yo sabía que, independientemente de lo que ocurriera, yo iría a estudiar en la Universidad de Arizona.

En Apollo interactuábamos con alumnos de otras escuelas intermedias en eventos como concursos de ortografía y competencias de las sociedades de honor. Nuestros maestros nos decían que los chicos del noroeste de Tucson eran diferentes debido al lugar en que vivían o a las actitudes de los padres. Los maestros nos advirtieron que esos chicos tendrían una actitud más arrogante que nosotros y que no serían amables. A menudo he encontrado que la mayoría de las personas no se ajustan a las descripciones que se hacen de ellas. No pienso que había demasiados chicos que fueran tan malos como nuestros maestros los describían.

Durante los años de Apollo, cuando tenía doce y trece años, leí *El diario de Ana Frank* y me conmovió profundamente. Ese libro me permitió entender la experiencia de una niña de catorce años, alguien casi de mi edad. La mayoría de mis amistades han sido siempre mujeres. Me crié entre niñas, mis hermanas y mi madre en la casa.

Mi papá trabajaba largas horas, se iba temprano y regresaba tarde ya de noche. Pero la economía tuvo un bajón cuando yo estaba en la escuela intermedia y mi papá estuvo seis meses sin trabajo. Cuando yo estaba en primer grado mi mamá había empezado un negocio haciendo pasteles y decorándolos. Era muy buena en eso y su reputación se extendió por referencias personales. A veces hacía cinco o seis pasteles de bodas en una noche. Todos la ayudábamos. Los pedidos llegaban en buena cantidad y mi papá y yo repartíamos pasteles para bodas, cumpleaños y fiestas de quince para niñas latinas. Luego, cuando comencé a trabajar como pasante para la congresista Giffords, mi mamá le hacía pasteles a Gabby en ocasiones especiales. El pastel favorito de Gabby era de limón relleno también de limón.

Sin embargo, a mí no me gusta la pastelería de mi madre. Vi demasiados pasteles. Nuestra cocina olía siempre a pasteles y las tongas de pasteles ocupaban todo el espacio. Pero admiraba el éxito de mi mamá.

Nunca comíamos juntos en familia. Mi madre cocinaba algo y nosotros lo comíamos por nuestra cuenta. Ella tenía seis o siete recetas que utilizaba todo el tiempo. Las alternaba para no hacer lo mismo todos los días, pero era lo mismo semana tras semana y un mes detrás de otro. De todos modos, a mí no me gusta lo que cocina mi madre porque me parece insípido. A mí me gusta la comida picante.

Por eso, a la edad de diez años comencé a tratar de cocinar mi propia comida. Leía libros de cocina y veía televisión para encontrar nuevas recetas. Iba a comprar víveres con mi madre y le pedía que comprara algo que yo había visto en televisión y quería probar. Una vez, cuando era muy joven, vi una receta que contenía berenjena asada y que parecía tener mucho sabor. Pero no contento con una sola berenjena, convencí a mi mamá de que comprara seis o siete. Ella nunca había comido berenjena y no las cocinó bien. No tenían mucho sabor y no se podían comer. Entonces le hice comprar más y traté de cocinarlas yo. Pero quedaron peor. Cuando fui creciendo continué experimentando y aprendí a cocinar bastante bien. Mientras más cocinaba, más me aventuraba con otros platos y empecé a tratar de cocinar recetas de países como Japón y Corea.

Mi papá quería que yo hiciera cosas normales y durante un tiempo tomé clases de mariachi y me insistió en que jugara fútbol. Pero los otros niños se burlaban de mí porque no sabía jugar y no quería aprender. Se ensañaban conmigo por no jugar bien y se quejaban de que no tenía una actitud de equipo. Cuando perdíamos un juego, los chicos me echaban la culpa. Siempre fui diferente de la mayoría de los niños y a mí no me importaba. No me preocupaba mucho cómo los demás me per-cibían. Sólo quería ser mi propia persona.

Daniel y sus hermanas en un parque, después de su
partido de béisbol con su equipo: los Colorado Rockies

Mirando atrás, recuerdo que en la escuela intermedia hubo presión de mis compañeros para involucrarme en violencia de pandillas y sexo. Había diferentes tipos de abusadores porque había niños gordos, demasiado gay, demasiado altos, demasiado inteligentes. Yo fui objeto de todos. No me sorprendía ser objeto de la bravuconería de otros. Me criticaban por estudiar mucho y avanzar en la escuela. Los niños que no tenían logros académicos me reprochaban. Hubo momentos en que comencé a preguntarme si debía seguir esforzándome tanto. Si me esforzaba menos, a lo mejor podía encajar entre mis compañeros y ser considerado "normal" en lugar de un superdotado demasiado listo. A esa edad había mucha más angustia e ira que en la escuela primaria debido a las hormonas. Los chicos tenían más conciencia de algunos de los cambios que les estaban ocurriendo a ellos y a sus compañeros, y reaccionaban.

Conocí a chicos cuyas notas eran todas A y a quienes no les gustaba que los criticaran por ser inteligentes. Entonces comenzaron a tratar por todos los medios de mezclarse en las pandillas porque pensaban que así demostrarían que eran tan duros como sus hermanos o hermanas mayores o sus primos. En lugar de ser objetos de bravuconerías, comenzaron a convertirse ellos mismos en bravucones abusadores.

También había chicos que estaban desarrollando trastornos en su manera de comer porque les decían que eran muy fornidos o muy gruesos. Así que dejaban de comer o comían más de la cuenta y se iban a vomitar. Había también chicas que se vestían muy sexy porque pensaban que era lo que necesitaban hacer. Y había chicos que decían que habían hecho cosas con la chicas que realmente no habían hecho para darles una reputación como si fuera cierto.

Cuando veía que pasaban esas cosas a mi edad de trece años, me daban deseos de ayudar a todas estas personas, pero ellos mismos necesitaban querer ayudarse a sí mismos. Yo no iba a dejar que los problemas de otro me impidieran resolver los míos propios. Estaba tratando de alcanzar muchos logros. Tenía diferentes metas e ideales en mente y me mantuve intensamente concentrado en ser el mejor académicamente a fin de alcanzar esas metas.

Capítulo doce
La escuela secundaria de Sunnyside

Cuando empecé en la Escuela Secundaria de Sunnyside, todavía quería estudiar medicina porque pensé que era la mejor manera de ayudar a la gente. Mis hermanas tenían planes de hacer sus carreras también en el campo de la salud. En mi segundo año de secundaria tomé clases avanzadas de ciencias en anatomía humana y química. Me hice amigo de mi maestra, la señora Valerie Heller, y ella me permitía participar en el Decatlón Académico aunque era sólo para estudiantes del tercer y cuarto año. Éramos seis o siete en el equipo y competimos a nivel nacional en diez temas diferentes. Como ya yo estaba estudiando dos de los temas —ciencias (anatomía humana y química) y música (tenía una asignatura electiva en la orquesta, tocando el violín— la señora Heller consideró que yo reunía los requisitos para participar. Nuestro equipo no tuvo una buena actuación, pero disfruté competir con otros chicos en asignaturas académicas. Llevaba puesto un suéter negro con una frase que decía "Háblame de ciencias" impresa en rojo en el frente y mi nombre en caracteres japoneses en la espalda. Mi hermana Alma, que tenía doce años, me lo pidió prestado, aunque me decía que nuestro equipo era una especie de grupo de estudiosos que habían formado un club y habían hecho que mis cualidades más aburridas salieran a la superficie.

"Me lo ponía para mortificarlo", recuerda Alma. "Cuando veía que yo tenía puesto su suéter se disgustaba y me gritaba: 'Quítatelo'".

Daniel y sus amigos de secundaria con la camiseta del equipo

"Se lo decía a mi mamá y ella me decía que no lo usara más", recordó Alma en una entrevista. "Mi hermana Consuelo y yo pensábamos que era cómico. Yo nada más lo hacía para ser una hermanita fastidiosa". (Alma dice que todavía conserva el suéter y lo usa cuando hay frío.)

A mí me criticaban porque no salía en citas, pero es que no tenía tiempo y tampoco me importaba mucho. Tampoco estaba interesado en chicas excepto como amigas. Los chicos me decían: "Tú no haces cosas normales". Yo no les hacía caso. Simplemente iba a seguir haciendo lo que consideraba importante.

Cuando llegué al tercer año decidí que certificarme como asistente de enfermero sería una buena manera para prepararme y solicitar mi ingreso en la escuela de medicina más adelante. No quería ser enfermero, pero pensé que si tenía la experiencia y trabajaba realmente con pacientes, tendría una ventaja sobre los demás estudiantes que solicitaran entrar en la escuela de medicina. Conocía a una maestra, Cathy Monroe, que era enfermera y daba una clase llamada Asistencia de Enfermería. Se suponía que era para estudiantes del último año, pero me aceptó porque ya yo había tomado clases del nivel del último año. Había alrededor de veinticinco o treinta estudiantes en la clase, mujeres en su mayoría.

Aprendimos a leer señales vitales como la temperatura y la presión arterial, cómo alimentar apropiadamente a alguien, medir su peso, aplicarle un vendaje, cambiarle la cuña, cambiarle un pañal a un adulto y lavarnos las manos en un hospital. Nunca me han molestado las funciones del cuerpo. La señora

Monroe también nos enseñó los primeros auxilios básicos y el método de resucitación cardiopulmonar (CPR en sus siglas en inglés). Usábamos modelos de maniquíes como los que se usan para CPR y a veces practicábamos tomándonos el pulso y la presión arterial unos a otros.

Cuando llegó el segundo semestre necesitaba algo que fuera un desafío mayor. La Asistencia de Enfermería no era tan interesante como yo pensé que sería, por lo que comencé a estudiar flebotomía por mi cuenta. Flebotomía es la práctica de hacer una incisión en una vena para extraer sangre, tomar muestras para usar en distintas pruebas y manejar apropiadamente esas muestras. Nunca le he tenido miedo a la sangre. Cathy Monroe me dio libros y otros materiales y me entrené yo mismo para ser flebotomista. Aprendí a extraer sangre leyendo esos libros y practiqué mis habilidades en un brazo artificial que venía en un paquete que había encargado. Entonces visité diferentes laboratorios alrededor de Tucson y pregunté si podía venir nada más para observar porque sabía que no estaba permitido tocar a los pacientes.

Durante el tercer año comencé a participar en Estudiantes en Ocupaciones de Salud de Estados Unidos (HOSA por sus siglas en inglés), una organización que promueve las oportunidades de carreras para jóvenes en el campo de la salud. Está respaldada por el departamento de Educación de Estados Unidos. Me inscribí para los exámenes de HOSA a nivel estatal y luego a nivel nacional. Había muchas categorías para escoger, tales como CPR/primeros auxilios, destreza en apoyo a la vida y enfermería clínica. Una de las razones por la que escogí flebotomía fue que nadie la había tomado y por ende tenía garantizado el poder pasar los exámenes estatales a los nacionales. Y eso fue lo que ocurrió. En flebotomía estuve entre los primeros tres estudiantes porque sólo había otros dos en los exámenes.

Los exámenes de Arizona se celebraron en un hotel. Primero hicimos una prueba de lectura y respondimos preguntas de opción múltiple. Si recibíamos una calificación de 80 por ciento o más, podíamos avanzar al próximo nivel. Después nos hicieron pruebas para medir las diferentes capacidades que estábamos aprendiendo: extraer sangre, ponerles correctamente las etiquetas a las ampollas, y utilizar las ampollas en el orden correcto porque algunas de ellas contienen productos químicos especiales y si se utilizan las mismas agujas se daña la prueba. No le sacamos sangre a ninguna persona real. Había pedazos artificiales de carne humana con diferentes grosores de venas y cada una tenía una bolsa adjunta que contenía un líquido blanco o rojo. Luego miramos cosas en microscopios para tratar de identificarlas como bacterias o células sanguíneas. También tuvimos que utilizar un plato de petri para criar un cultivo, de manera que la prueba era también de asistente de laboratorio. Salí bien de las pruebas y dos meses después fui finalista nacional en el Examen de Temas de Salud de Kaiser Permanente en la conferencia de HOSA en Dallas. Fui con mis maestras Cathy Monroe y Barbara McDonald, quienes me ayudaron a prepararme. Había alrededor de dos mil estudiantes. Me fue muy bien y ocupé el onceno lugar nacionalmente.

Ahora me doy cuenta de que todo eso que aprendí allí me ayudó a salvarle la vida a Gabby. No entré en pánico al ver sangre y sabía cómo mantenerme calmado. Pocos meses después del tiroteo, HOSA me homenajeó en una conferencia estudiantil nacional por utilizar mis habilidades en un acto heroico. Mi maestra Cathy Monroe también fue homenajeada. La secretaria de Salud de Estados Unidos, Regina Benjamin, me entregó el Premio a Héroes frente a una audiencia de alrededor de seis mil quinientos alumnos de secundaria. "La gente te toma como ejemplo", me dijo.

"No me considero un héroe", le aseguré. "Fue el empleo de todo lo que aprendí en HOSA lo que me ayudó el 8 de enero".

Le dije al público que estaba agradecido por el entrenamiento que había recibido en la escuela secundaria, excepto que había ignorado un consejo muy crítico. "Asegúrate de que el área esté segura antes de entrar en ella. He recibido muchos reproches por eso", dije en medio de aplausos y risas.

Capítulo trece
La enfermedad de graves

En el primer semestre de mi tercer año en la escuela secundaria comencé a faltar a clases. Por la mañana mi papá me despertaba para ir a la escuela, pero yo me volvía a dormir. Tenía dieciséis años y él pensaba que eran haraganerías mías y se disgustaba. Me regañaba y decía: "Vas a llegar tarde a la escuela. Cuando eras más joven nunca tenías este problema".

Pero yo no podía evitarlo. Después, cuando supo lo que me pasaba se sintió mal por haberme regañado. Me sentía cansado todo el tiempo y no tenía energía. Mi alto nivel de energía se había convertido en extremo cansancio. Los consejeros de la escuela citaron a mis padres a reuniones debido a mis ausencias y mis llegadas tarde. Pensaban que yo era alguien con tendencia a ausentarme de la escuela. Esto nunca me había ocurrido antes.

—Papá, no puedo explicarme lo que me está pasando —le dije.

Por la noche se quedaba de pie en mi habitación para observarme y me dijo que mi respiración tenía un mal sonido. Mi mamá trataba de alimentarme, pero en pocos meses comencé a perder peso. Bajé veinticinco libras en una semana. Mis padres se asustaron mucho y me llevaron al médico. En esa época yo estaba cubierto por un programa estatal de Medicaid que proveía seguro de salud a personas de bajo ingreso, como era el caso de nuestra familia.

Al principio los médicos me dijeron que redujera mis actividades. Pero cuando hicieron un análisis de sangre, resultó claro que padecía de un hipertiroidismo extremo provocado por la enfermedad de Graves. Estaba produciendo demasiadas hormonas de la tiroides y como resultado mi cuerpo estaba al hacer un colapso. Las hormonas de la tiroides afectan el metabolismo, razón por la cual no tenía energía. Los médicos entonces me extirparon la glándula tiroides administrándome iodo radioactivo vía oral. Me tomé una pastilla de iodo 131 que ataca específicamente la tiroides y la destruye. Pero después del diagnóstico y el comienzo del tratamiento, seguía enfermo.

En cinco meses había perdido la mitad de mi peso corporal. Me puse muy frágil. Perdí mucha masa muscular porque estaba quemando no solamente grasa sino músculo también. Mi papá dijo que a los médicos les tomaría meses precisar la dosis correcta de la medicina que debía tomar. Todo ese período fue una época convulsa en mi vida. Permanecía en cama la mayor parte del tiempo, durmiendo. No tenía fuerza para leer o ver televisión, ni siquiera *Star Trek*. Perdí casi el curso completo. No quería que la gente me visitara porque no quería que nadie me viera en esas condiciones. Mis maestros recomendaron que abandonara la escuela y regresara cuando estuviera completamente recuperado.

—NO —dije.

Iba a la escuela cuando podía, aun en los momentos peores de mi enfermedad, y de algún modo pude asistir al baile escolar del tercer año. En las fotos lucía tan delgado que era difícil reconocerme. Finalmente, regresé a Sunnyside a tiempo completo al comenzar mi último año, resuelto a no permitir que mi enfermedad me atrasara. Para ponerme al día y recuperar lo perdido para graduarme asistí a la Academia de Fin de Semana. Era una escuela para alumnos que habían suspendido y habían sido expulsados. O habían abandonado las clases o no tenían problemas, pero querían graduarse antes de tiempo. Íbamos a clase los viernes de seis a nueve de la noche, los sábados de ocho de la mañana hasta las ocho de la noche y los domingos de diez a siete. Para comer ordenábamos comida de algún restaurante cercano y comíamos todos juntos en el aula. Nos llevábamos bien y nos hicimos amigos.

La fiesta de fin de curso

Entretanto, continué estudiando enfermería y flebotomía en la Escuela Secundaria de Sunnyside y competía en los eventos de HOSA. Alrededor de esta época, sin embargo, a la edad de diecisiete años, empecé a interesarme en la política como una vía para ayudar a la gente.

La causante de que me invadiera el virus de la política fue Hillary Clinton.

Tercera parte

~ OBSESIONADO CON LA POLÍTICA ~

Capítulo catorce
En campaña por Clinton

Hillary Clinton siempre me ha fascinado. En 2000 se postuló para senadora por Nueva York después de haber sido Primera Dama. Yo entonces tenía diez años y estaba en la escuela primaria, pero leía sobre ella constantemente en el Internet y en el *New York Times* y veía reportajes sobre ella en los noticieros de televisión.

Cuando Hillary Clinton decidió aspirar a la presidencia en 2007, pensé que era fenomenal que una mujer se postulara y que tuviera posibilidad de ganar. Me gustaba la idea de una mujer presidenta. Tenía yo diecisiete años entonces y cursaba mi último año de secundaria. Ella anunció su candidatura en YouTube en lugar de utilizar una conferencia de prensa televisada desde su casa en Chappaqua, Nueva York, lo cual me pareció interesante. Lo observé ávidamente y fui a su sitio Web.

"Entré", decía en su anuncio. "Y entré para ganar".

Inmediatamente me inscribí para trabajar como voluntario en la campaña de Clinton. Pocos meses después recibí una llamada para que ayudara en sus actividades de campaña en Tucson. Estaba entusiasmadísimo. Se me estaba pidiendo que ayudara porque me necesitaban, algo que nunca pensé que ocurriera.

Todavía no conducía y mi madre me tenía que llevar y luego recogerme. Al principio Hillary no tenía oficinas en Tucson, por lo que su campaña estaba funcionando en casas particulares y bufetes de abogados de apasionados partidarios. Yo era uno de los voluntarios jóvenes adultos. Los demás eran mujeres mayores, unos cuantos hombres y un par de niños que acompañaban a sus abuelos. Me incorporé de lleno a mi pasantía y aprendí todo lo que pude sobre la mecánica de las campañas políticas. Mi tarea era llamar a la gente y urgirlos a votar en la primaria del 5 de febrero, el super martes, llamado así porque varios estados celebraban sus primarias ese mismo día.

En la escuela urgía a los alumnos de dieciocho años que se inscribieran para votar. Me di cuenta de que muchos de mis compañeros ni siquiera estaban inscritos. Pensaban que era un chiste, lo cual era algo frustrante. Yo quería que más personas, especialmente jóvenes latinos, pudieran votar y tener algo que aportar en asuntos de gobierno.

Para entonces, muchas de las chicas con las que yo había competido académicamente habían cambiado. Ya no pugnaban conmigo para ver quién tenía mejores notas. Estaban más interesadas en cómo lucían y cómo se vestían y en encontrar novio. Me dio tristeza por ellas. Algunas de estas chicas eran más inteligentes que yo, pero según fueron creciendo no tenían modelos de personas a quienes admirar. Se esperaba que ingresaran en "profesiones de salud". Yo pensaba: *¿Por qué ser la enfermera cuando podían ser la doctora?* Yo quería que tuvieran buenos modelos de personas de las cuales aprender, como Hillary.

Yo hablaba de Hillary, pero ella no era popular entre mis compañeros de clase. Los adolescentes decían que era tonta y que no sabía lo que hacía. Ellos no entendían lo que decían y sólo repetían como cotorras lo que oían sobre los cuidados de salud y la guerra en Irak. Me rechazaban todo el tiempo.

"Eres tan gay por ayudar a Hillary," decían. "Eres tan gay por ayudar a una mujer".

No tenía nada que ver con preferencias sexuales. Usaban el término como un insulto, lo cual era completamente incorrecto. Algunas chicas en la escuela apoyaban a otros candidatos sólo para molestarme. No sé si alguien realmente votó por los otros candidatos. Era más bien una manera de mortificarme.

Hillary perdió las primarias en junio de 2008 y entonces respaldó a Barack Obama. Continué siguiendo su carrera con admiración y esperaba que algún día lograría conocerla. Dos veces cuando estaba en secundaria estuve cerca de lograrlo. Imaginaba que si algún día lograba conocerla, sería un rápido estrechón de manos en un evento de campaña.

En enero de 2011, cuando fui a Washington, DC, para el discurso del Estado de la Unión, se suponía que la conociera, pero hubo una confusión y fracasó el plan. Pero en febrero, cuando fui a Washington para hablarle a la Liga de Ciudadanos Latinoamericanos Unidos, mi amiga Kelly hizo arreglos para una cita a través de una amiga suya que trabaja para el Departamento de Estado. Llevé a mi mamá conmigo en ese viaje y juntos nos dirigimos a las oficinas de la Secretaria Clinton en el séptimo piso del Departamento de Estado. Estuvimos una hora con ella. Siento absoluta adoración hacia ella. Tiene cualidades de interesarse y ayudar a los demás. La Secretaria Clinton buscó una silla para mi madre con una sonrisa enorme. Alguien le había informado sobre el trabajo que yo había hecho para ella y para Gabby Giffords. Con cálida actitud convirtió nuestra reunión en una conversación acerca de mí y discutimos mis oportunidades. Antes de irnos, me dijo: "Después de treinta años tengo un consejo que darte. No dejes que te encasillen. Continúa siendo siempre la persona que mejor te defina".

Y esas palabras permanecen conmigo.

Foto del Departamento de Estado por Michael Gross

Daniel se reúne por primera vez con uno de sus héroes: Hillary Clinton, aquí con la señora Hernández y Daniel en la oficina de la secretaria de Estado.

CAPÍTULO QUINCE
EL PASANTE DE GABBY

DESPUÉS QUE TERMINÓ LA CAMPAÑA DE HILLARY EN JUNIO DE 2008, me di cuenta de que quería seguir trabajando en la política. Había oído hablar de la congresista Gabrielle Giffords y conocía su impresionante curriculum, pero no fue hasta que la conocí en persona en un evento de campaña que me convertí en su partidario inmediato. Era cálida e inteligente y era una inspiración para mí.

También me impresionaba que fuera la mujer más joven electa para el Senado Estatal de Arizona y la primera mujer judía electa para la Cámara de Representantes por el estado de Arizona. La primera en tantas ocasiones. Es una mujer fuerte y siempre me ha atraído esa cualidad, aunque su fortaleza particular era algo completamente nuevo para mí. A los pocos días de haber conocido a Gabby solicité trabajar como pasante además de todo lo demás que estaba haciendo.

Tenía yo dieciocho años y había terminado a la vez los años tercero y cuarto de la secundaria. En mayo, fui al baile escolar de último año sin acompañante, pero con un grupo grande de amigos. Y en junio me gradué de la Escuela Secundaria de Sunnyside. Había solicitado ingresar en doce universidades, incluyendo la Universidad de Washington en Seattle, la Universidad Estatal de Arizona en Phoenix, y en dos universidades en la ciudad de Nueva York. Pero mi primera preferencia siempre fue la Universidad de Arizona y me aceptaron. Es una gran universidad y está en Tucson, ciudad de la que nunca me quiero ir. Había enviado solicitudes a todas partes simplemente como una manera de estar en terreno seguro. Hice planes para empezar en la Universidad de Arizona a fines de agosto, todavía pensando en estudiar medicina.

Ese verano comencé a trabajar como flebotomista en el Centro Médico de Tucson al mismo tiempo que hacía la pasantía con Gabby. El centro es uno de los más grandes hospitales en el país y ocupa un área de una y media millas cuadradas.

Trabajaba diez horas allí y entonces me iba a hacer trabajo voluntario como pasante en la campaña de Gabby. Ella se había presentado como candidata a su reelección en la Cámara de Representantes. Mis turnos en el centro médico nunca eran fijos. A veces me tocaba el primer turno o el segundo o el tercero, de manera que empezaba a trabajar a las seis de la mañana, o a la una de la tarde, o a las diez de la noche. De allí me iba a la oficina de Gabby, que siempre estaba abierta hasta tarde todas las noches. Siempre había algo que preparar para el día siguiente: copiar algo, destruir listas (ella es una entusiasta del reciclaje), sacar la basura. Pero cuando aparecía yo por la tarde o por la mañana, entonces ayudaba a hacer llamadas y a "caminar", o sea, ir de puerta en puerta para conseguir votos para ella y repartir información.

En el centro médico yo era técnicamente un pasante, pero después de dos semanas me permitieron comenzar a practicar haciendo extracciones. Extraía sangre de los pacientes, aunque no estaba aún certificado para hacerlo, porque se consideraba que mi entrenamiento había sido suficiente. Me gustaba practicar todo lo que había aprendido en el aula. Llevaba una bandeja de materiales adonde estaban los pacientes, hacía diferentes extracciones y llevaba las muestras al laboratorio. Me encantaba trabajar directamente con la gente y hablar con ellos.

Era bueno en esto y rara vez fallaba una vena. Me oponía por principio a lo que se conocía como "pescar". Pescar significa meter la aguja y moverla dentro del brazo hasta encontrar la vena. No me gustaba eso porque le causaba mucho dolor innecesario a los pacientes. Pero había muchas enfermeras y flebotomistas que lo hacían. Lo que a veces parecía ser una vena bastante fácil pudiera estar muy profunda y uno tendría que ir mucho más adentro para lograr extraer la sangre.

Mis colegas eran flebotomistas de carrera en edades de treinta, cuarenta, cincuenta y sesenta años. Cuando trabajábamos el turno de la noche y nos aburríamos porque no teníamos nada que hacer, nos metíamos agujas unos a otros para practicar extracciones difíciles. Por ejemplo, a veces venían pacientes adictos a drogas que por haberse dañado la venas teníamos nosotros que usar las venas de los pies o de la parte superior de las manos. Hay una vena exactamente encima de la arteria de la muñeca que es muy delicada. Si uno la falla, podría por error pinchar la arteria y la persona podría desangrarse y morir, por lo que practicábamos esa vena unos con los otros a fin de entrenarnos bien para cuando trabajáramos con verdaderos pacientes.

No recibía compensación regular por mi trabajo. Lo que recibía era un estipendio procedente de un programa de carreras y educación llamado GO, administrado por el Condado de Pima. Se suponía que yo hubiera sido certificado como asistente de enfermero para trabajar en las salas del hospital, pero yo prefería trabajar como flebotomista. Fui el primer estudiante de secundaria en lograrlo. Ahora han extendido el programa para tener dos o tres pasantes haciendo flebotomía.

Disfruté de mi trabajo hasta que llegó la hora de abandonarlo a fines de agosto para ingresar en la Universidad de Arizona.

Capítulo dieciséis
La universidad de Arizona

Desde mi primera semana en la Universidad de Arizona mi intención era buscar la manera de involucrarme. Gabby me había dicho que era importante participar en diferentes actividades con personas apasionadas con lo que estaban haciendo. Y en mis primeros diez minutos en el precinto, conocí a Erin Hertzog.

Ella se me acercó cuando me estaba mudando al dormitorio y me preguntó si estaba inscrito para votar. Le dije que sí. Erin se sorprendió. La mayoría de los otros alumnos que se estaban mudando ese día no lo estaban. Ella ocupaba una posición a tiempo completo con la Asociación de Estudiantes de Arizona, una organización que representa a estudiantes universitarios en todo el estado, y estaba tratando de inscribir a estudiantes para que votaran. Le conté sobre el trabajo que yo estaba haciendo en la campaña de Gabby para reelegirse y lo que había hecho con la campaña presidencial de Hillary. Estaba fascinada.

Erin me preguntó si estaría interesado en ayudar a inscribir a otros estudiantes para que pudieran votar en las elecciones que se acercaban. Estaban ocurriendo muchas cosas en 2008 que eran realmente importantes. Estaba la elección presidencial y también había muchas propuestas en las boletas. Erin me dijo que iba a haber una fiesta de bienvenida para todos los nuevos residentes de los dormitorios al día siguiente y necesitaba voluntarios. Estuve de acuerdo en ayudar.

Erin había sido presidenta del cuerpo estudiantil en la Universidad de Arizona. Era muy inteligente y bonita, lo cual la ayudaba a reclutar a hombres jóvenes a inscribirse para votar. Nos hicimos amigos rápidamente y ella se convertiría en una presencia constante en mi vida desde mis primeros momentos en la universidad.

Me hice miembro de la Asociación de Estudiantes de Arizona y Erin me introdujo a lo que es una de mis grandes pasiones: luchar y abogar por la educación superior y por los estudiantes. La asociación se esfuerza para que la educación superior en Arizona sea costeable y accesible. Sólo un pequeño porcentaje de latinos se matriculan en la universidad. Menos aún continúan sus estudios. Una vez que están allí fracasan porque no están preparados y abandonan los estudios antes del segundo o tercer año.

Yo había solicitado ayuda financiera y las becas y subsidios cubrieron totalmente el costo de mi matrícula, mi hospedaje y mis comidas. Vivir en el precinto universitario lejos de mi casa fue un gran cambio que yo disfruté. Por primera vez compartí una habitación, aunque casi nunca veía a Alex, mi compañero de cuarto. Yo casi nunca estaba en la habitación y cuando aparecía, él estaba durmiendo o viendo juegos de vídeo.

Mi segundo día en la universidad fui a la fiesta de bienvenida en lo que llaman el Mall. La Universidad de Arizona tiene un bonito precinto. Tiene muchas áreas verdes y una arquitectura interesante. Nuestro edificio de ciencias tiene la forma de la cabeza de un gato, y el de la asociación estudiantil está diseñado en homenaje al USS *Arizona*, que fue hundido en Hawai durante el ataque a Pearl Harbor. Dentro de la asociación hay una habitación que tiene un modelo del barco y muchas fotografías y objetos de interés relacionados con el barco. La asociación también cuenta con sitios para comprar comida, cuartos de juegos y oficinas en el tercer piso para las actividades de los estudiantes. Me tocó pasarme cientos de horas apretujado en esa oficina, que tiene el tamaño de un clóset, con Erin y otra gente con la que me gustaba compartir.

Dos de las personas que conocí en la fiesta de bienvenida son todavía amigos míos: Elma Delic, una chica de Bosnia, y David Martínez III. Elma es un año mayor que yo. Había sido presidenta de la asociación durante dos años. Cuando la conocí, estaba involucrada en un Grupo de Investigación del Interés Público (PIRG por sus siglas en inglés). Ahora trabaja en una firma de relaciones públicas.

David es unos pocos años mayor que yo. Cuando nos conocimos él era un estudiante regente que representaba a los estudiantes en la Junta de Regentes de Arizona, el cuerpo que gobierna las universidades públicas de Arizona. En los años 80 la Asociación había luchado por la legislación que colocara a un estudiante en la junta de gobierno como representante y voz del estudiantado. David estaba en el último año cuando fue seleccionado y era un nombramiento de dos años, por lo que permaneció más tiempo en la universidad y demoró su graduación. Ahora trabaja para la Alianza de Bancos de Alimentos de Saint Mary y dirige un programa llamado Kids Café, que alimenta a jóvenes de bajos ingresos y desamparados en toda la ciudad de Phoenix. Lo veo constantemente cuando voy a eventos en Phoenix.

Como miembro de la asociación, durante mi primer semestre en la universidad se me asignó una posición de liderazgo. Estaba a cargo de la logística de la inscripción de nuevos votantes y ayudaba a entrenar a otros. Teníamos mucho trabajo. Faltaban algunos meses para la elección nacional y la fecha meta para inscribirse para votar era el 6 de octubre. Nuestro programa se llamaba "La U. de A. Vota".

Daniel, al fondo a la izquierda, y sus colegas de la Asociación de Estudiantes de
Arizona, con formularios de inscripción de votantes

Entretanto seguía mi pasantía con Gabby los fines de semana. Dividía mi tiempo haciendo campaña para que la gente votara por ella y trabajando en la asociación durante la semana para inscribir a nuevos votantes sobre una base no partidista. No importaba por quién votaran los estudiantes, siempre y cuando ejercieran su derecho a votar.

En un evento de entrenamiento conocí a Emily Fritze, quien se convirtió en otra buena amiga. Ella también hizo después una pasantía con Gabby por una gestión mía. Emily era miembro de una hermandad femenina de estudiantes y su tarea como coordinadora de "la vida griega" era lograr que las hermandades femeninas y las fraternidades masculinas se involucraran en las tareas del voto. Una vez un grupo de nosotros se reunió en el Mall frente al antiguo edificio principal, el edificio más viejo del precinto, y utilizamos nuestros cuerpos como acróbatas para formar la frase "U A VOTA". Queríamos llamar la atención a nuestra causa y funcionó. De agosto a octubre inscribimos cuatro mil quinientos nuevos votantes.

Semanas antes de las elecciones, abrimos un local para los que quisieran votar temprano y ayudábamos a los votantes a llegar allí. Pero durante muchos días el progreso fue muy lento. Eran pocos los que aparecían y a un ritmo muy lento. No fue hasta el último día de la votación temprana que logramos tener una gran multitud. ¡Setecientas personas vinieron el último día! Había tantos votantes que se dañaron las computadoras que usaba la oficina del registro del condado. Tuvimos que organizar un sábado especial de voto temprano como "emergencia" para aquellos que no habían podido votar la noche antes.

El día de las elecciones también ayudamos a transportar a la gente a los recintos de votar. Teníamos estudiantes que servían de chóferes voluntarios. Hubo un momento en que los estudiantes tuvieron que esperar cinco horas para votar. Pensé que era importante lograr que los jóvenes votaran por primera vez en las elecciones de 2008. Pensaba incluso que era más importante que asistir a clases. Ese fue mi mayor error durante mi primer año.

Se suponía que mis estudios se especializaran en biología —biología evolucionista y ecológica— pero continúe posponiendo mis clases de ciencias. Falté a muchas de las clases que había matriculado. No asistí ni remotamente con la frecuencia que debí hacerlo. Pensaba que en el gran esquema de las cosas faltar a una clase no importaba tanto como ir a hablarles a los jóvenes para que votaran por primera vez. Pero no fue sólo una clase a la que falté. Más tarde, cuando me enfermé otra vez con la enfermedad de Graves, me fue muy difícil ponerme al día en todo lo que había perdido.

El día de las elecciones estuve trabajando con "U. de A. Vota" todo el día para que la gente saliera a votar. Les recordábamos a los estudiantes que tenían que votar y los transportábamos a sus recintos fuera del precinto universitario. A algunos les quedaba muy lejos y sólo teníamos un número limitado de automóviles.

Los recintos cerraron a las siete de la noche en Arizona. A las ocho ya sabíamos que Barack Obama había ganado la elección y sería nuestro nuevo presidente. Gabby también ganó y fue reelegida para representar al 8vo. Distrito de Tucson ante el Congreso. Ella ganó en grande y por un amplio margen de votos. Su equipo me invitó a la fiesta de victoria que se estaba celebrando en el hotel Marriott cerca de la universidad. También había sido invitado a una pequeña fiesta privada para ella en su suite de los altos. Mi madre le hizo un enorme pastel. Lo decoró con pequeños cáctuses de saguaro congelados colocados junto a una réplica glaseada de una consigna que repartimos a los votantes que decía: GIFFORDS PARA EL CONGRESO.

En el piso inferior, en la fiesta grande, cientos de personas celebraban y Gabby pronunció un discurso de victoria. Yo había traído a algunos estudiantes conmigo y todos se alegraron de conocerla, aunque sólo fuera por algunos minutos, y siguieron hablando del tema durante semanas.

En mi primer semestre en la universidad conocí a personas como yo, obsesionadas con la política. Son los mejores amigos que he tenido en mi vida.

Capítulo diecisiete

El cabildeo

Trabajar para la Asociación de Estudiantes de Arizona fue mi principal interés durante mi primer año. En nuestras reuniones comencé a conocer mejor los problemas del sistema de educación en Arizona. Se nos dijo que habría una reducción de un 40 por ciento en la ayuda del estado a las universidades, por lo que organizamos una protesta. Se me pidió que fuera al capitolio estatal en Phoenix. Yo sólo tenía dieciocho años, soy latino y me preguntaba: *¿Cómo voy a lograr yo que se haga algo en el capitolio estatal?* Pensaba que nadie me iba a prestar atención, pero fui de todos modos. Era la primera vez que había cabildeado para algo. Cabildear es hacer campaña para influenciar los legisladores a votar de cierta manera a favor de intereses especiales.

Los líderes de la asociación logramos que unos diez mil

estudiantes vinieran de distintas partes del estado a protestar. Movilizar a diez mil personas es algo significativo no importa el grupo a que pertenezcan. Cada una de las universidades en que había representación de la asociación envió estudiantes. En la Universidad de Arizona Erin, David, Emily, Elma, y yo inscribimos a todos al subir a los autobuses. Nuestra consigna era "La edUcAción no debe ser la próxima víctima". Las letras U y A aparecían en mayúsculas por ser las iniciales de nuestra universidad. Los muchos recortes que habíamos sufrido nos hicieron especialmente activos políticamente. Había discutido este tema frecuentemente con Gabby. Ella había sido parte de la Legislatura estatal y sabía lo mal financiada que estaba la educación en Arizona y en todo el país.

Directores de ASA (de izquierda a derecha): Daniel,
Emily Fritze, Dan Fitzgibbon, Elma Delic

En la protesta los miembros de la asociación llevamos pancartas con nuestra consigna y marchamos frente a la Cámara de Representantes. Tomé fotos de la enorme multitud en el césped del capitolio. Nuestras demostraciones fueron un éxito. Como resultado de ellas el estado *no* redujo la ayuda a la universidad. Me di cuenta de lo efectivo que puede ser un grupo para influir en la legislación además de participar como individuos en la vida pública.

A través del trabajo que hice en la asociación, me hice buen amigo de David Martínez. Supe luego que él también era gay. David representaba a los estudiantes en la Comisión de la Ciudad de Tucson sobre temas de gays, lesbianas, bisexuales y transgéneros. Me hice mucho más consciente de los problemas de los estudiantes. Me di cuenta también que la comunidad de LGBT a menudo se percibía como una gran congregación monolítica, igual que ocurre con los latinos o los jóvenes. Esto no siempre era útil. Cada grupo tiene diferentes necesidades y prioridades. Me preocupaba que no se vieran con claridad ni se resolvieran las necesidades de los jóvenes que eran gays.

Había una situación sobre un joven de una familia religiosa en una comunidad rural que había venido a estudiar en la Universidad de Arizona en Tucson. Él siempre había sabido que era gay, pero nunca se lo había dicho a su familia. En una fiesta estaba besándose con otro chico y un pariente que estaba allí lo vio. El pariente llamó a los padres del muchacho y les dijo lo que estaba pasando. Los padres le dijeron al hijo: "Si esto es cierto, no podremos seguir ayudándote". El estudiante admitió que era cierto y que había besado a otro chico, y los padres le retiraron su apoyo financiero para costear su matrícula. "De ahora en adelante no eres parte de esta familia", le dijeron. "Puedes regresar si no eres gay". El estudiante se sintió atormentado y trató de suicidarse ingiriendo una sobredosis de pastillas. Su intento de suicidio fracasó y terminó en la sala de emergencia de un hospital, donde le hicieron un lavado de estómago. Sin embargo, sus padres no vinieron a Tucson a verlo. Yo quería ayudar, pero sus problemas eran mucho más graves que lo que yo podía manejar solo. Él sabía, sin embargo, que podía contar con mi apoyo y lo orienté hacia organizaciones que ayudaban a jóvenes LGBT a obtener servicios sociales como Wingspan, un centro de apoyo a LGBT en Tucson.

Este incidente permaneció en mi memoria y luego me sirvió de inspiración cuando se me pidió que participara en la comisión de la ciudad en temas gay. Empezaba a darme cuenta de que necesitábamos personas que representaran y dieran voz a los estudiantes en crisis por su identidad sexual. Los jóvenes tenían que conocer los recursos que había disponibles.

No tenía yo vida social ni salía en citas. Pasaba la mayor parte del tiempo con gente vinculada a la Asociación de Estudiantes de Arizona. Pero en la primavera empecé a faltar a las reuniones de la asociación y sólo asistía a las más importantes. También faltaba a clases. Mi nivel de energía había tenido un bajón drástico y me sentía demasiado cansado y débil para levantarme de la cama. Mis viejos síntomas de la enfermedad de Graves regresaron porque no me preocupé por hacerme exámenes periódicos, análisis de sangre o tomar mis medicamentos. No estaba produciendo hormonas de la tiroides y esto afectó negativamente mi metabolismo. Necesitaba hacerme exámenes para determinar la adecuada dosis del medicamento, pero por ser un estudiante de diecinueve años había perdido mi seguro de salud. Los recursos de Medicaid que habían estado disponibles cuando tenía diecisiete ya no estaban disponibles. La economía había hecho crisis y el estado había eliminado la ayuda médica para estudiantes universitarios. Sin contar con los medicamentos que necesitaba saqué malas notas y me vi afectado académicamente. Mi récord escolar descendió a un nivel inaceptable y la universidad me suspendió temporalmente.

Alex mi compañero de cuarto, había abandonado sus estudios a la mitad del primer semestre y no estaba allí para ayudarme. Aunque tampoco se lo hubiera pedido. Una de las cosas más difíciles para mí es admitir que necesito ayuda. Me sentí avergonzado y traté de ocultar mi enfermedad incluso de buenos amigos como Erin, Emily y David.

Finalmente, debido a mi baja asistencia a clases, fui descalificado de la Escuela de Ciencias. Me dijeron que para evitar ser descalificado de la Universidad de Arizona tendría que asistir a un colegio comunitario para completar veinticuatro unidades, lo cual equivalía a un año académico completo.

No tuve más remedio que abandonar la Universidad de Arizona y regresar a casa. Durante algunos meses tuve que demostrar que dependía de mis padres y por tanto era elegible para recibir cuidados de salud y medicinas. El papeleo se perdía constantemente o surgían confusiones y se cometían errores. Finalmente, hacia fines del verano, todo se arregló y fui al médico para que me examinara. Había pasado de un hipertiroidismo en que producía demasiadas hormonas a un hipotiroidismo en que producía muy pocas. Ahora aumentaba de peso y permanecía en estado letárgico. Pocos días después de ver los resultados de la pruebas, el médico ajustó la dosis de mi medicina y en una semana me sentía mucho mejor.

Me dediqué a superar mi más reciente obstáculo y ponerme al día en mis créditos universitarios a fin de poder regresar a la Universidad de Arizona lo más pronto posible. Ya me había matriculado en el Colegio Comunitario de Pima por las clases que había tomado en un programa especial de la escuela secundaria. Durante el verano tomé una clase por internet, que fue lo más que pude hacer.

Avergonzado por lo que había considerado un fracaso personal, mantuve todo esto en secreto sin que mis amigos lo supieran.

Capítulo dieciocho
El proyecto de ley 2668 de la cámara

Mientras estuve en mi casa me mantuve en contacto con Erin y David y algunos otros amigos por correo electrónico y por teléfono. No los invité a que me visitaran. Nunca he querido mezclar padres, compañeros de cuarto y amigos. Muy raramente se produce alguna interacción entre ellos. Yo lo compartimento todo.

De vez en cuando, cuando sentía deseos de hacerlo, asistía a reuniones de la Asociación de Estudiantes de Arizona. Era muy estresante no tener energía para hacer las cosas que quería. Aunque no me habían escogido como uno de los directores de la asociación, Erin creó una posición para mí de miembro principal. Ese verano ella me pidió a mí y a un par de otros miembros que hiciéramos una investigación y redactáramos un borrador para una ley relacionada con estudiantes y la educación superior. Cada uno de nosotros podía escoger su propio proyecto. Me entusiasmó tener la oportunidad de involucrarme más en temas de educación y de aprender a cabildear.

Comencé mi investigación haciendo búsquedas de información en la computadora y llamando a grupos en todo el país que habían trabajado en una legislación similar. Mi proyecto de ley procuraba que más estudiantes se inscribieran para votar en elecciones estatales y nacionales. El proyecto de ley, si se aprobaba, haría legal que los estudiantes universitarios de dieciocho años fueran excusados de clase para ir a votar por igual cantidad de tiempo, alrededor de tres horas, que se les concede a los empleados a tiempo completo en el estado de Arizona. Pensé que era una manera en que los estudiantes pudieran contribuir a un cambio y que sus voces fueran oídas. Anteriormente, los estudiantes no estaban legalmente autorizados a faltar a clase para votar.

En el otoño, según iba yo desarrollando el proyecto de ley, tomé diecinueve unidades de crédito en el Colegio Comunitario de Pima para cumplir con algunos de los requisitos universitarios y recuperar mi estatus. En un semestre cumplí con un año de créditos. Para el segundo semestre de lo que era mi segundo año, la Universidad de Arizona me aceptó otra vez como alumno, pero era muy tarde para empezar las clases. De manera que tuve un receso de seis meses en los que me concentré totalmente en la asociación de estudiantes y mi proyecto de ley.

Lo primero que tenía que hacer era encontrar a alguien

que auspiciara mi proyecto de ley. Erin y yo fuimos a Phoenix y hablamos con todos aquellos que estuvieran dispuestos a hacerlo. Investigamos la posición de todos los legisladores y nos reunimos con miembros de la Cámara y el Senado. Republicanos y demócratas, no importaba, el primero que estuviera de acuerdo auspiciaría el proyecto de ley. A veces Erin tenía suficiente confianza en mí para yo ir solo. Yo era bueno desarrollando argumentos convincentes. Presentaba un par de páginas diciendo lo que quería. Pero nadie quiso trabajar con nosotros.

Finalmente nos reunimos con el Dr. Matt Heinz, un joven médico demócrata que es miembro de la Cámara de Representantes de Arizona por Tucson. Después supimos que el Dr. Heinz era abiertamente gay y uno de cuatro personas LGBT en la Legislatura estatal de Arizona. Existía la coincidencia de que él ejercía en el Centro Médico de Tucson, donde yo había hecho mi pasantía como flebotomista. En nuestra primera reunión el Dr. Heinz estuvo de acuerdo en auspiciar el proyecto de ley y le abrió inmediatamente una carpeta. Esto significaba que el proyecto de ley se enviaba a miembros del Concejo Legislativo de Arizona, quienes redactaban un borrador y le hacían cambios y enmiendas. A mi proyecto de ley se le asignó un número: el proyecto de ley 2668 de la Cámara.

Pasaron meses sin tener más noticias sobre el tema. Entonces el proyecto de ley se presentó a voto varias veces. Erin, Elma y algunos otros amigos y yo nos dirigimos a Phoenix y cabildeamos ante los representantes para que aprobaran nuestro proyecto y otros más en los que estábamos trabajando al mismo tiempo. Hablamos con los legisladores en sus oficinas o los deteníamos cuando atravesaban el césped frente al capitolio. Aunque principalmente hablábamos con republicanos por ser los menos inclinados a aprobar nuestro proyecto de ley, una vez hablé también con Steve Farley, un representante estatal demócrata del Distrito 28 en Tucson. Yo no lo sabía entonces, pero yo terminaría luego trabajando para Steve y se convertiría en un amigo cercano.

El proyecto de ley que yo había redactado tuvo varias muertes cuando al ser sometido a voto en el Senado y la Cámara. Los republicanos querían asegurarse de que los liberales no estuvieran reclutando a otros liberales para votar. Después de reunirse durante cien días, la Legislatura estaba tratando de concluir la sesión. Trabajamos duro haciendo llamadas para que el presidente de la Cámara lo incluyera en la agenda junto con otros tres de nuestros proyectos y conseguimos que muchos otros alumnos nos ayudaran. Finalmente, el último día de la sesión, el proyecto de ley 2668 de la Cámara se sometió a votación. Yo estaba presente cuando se aprobó en ambas cámaras legislativas del capitolio estatal. Entonces el gobernador lo firmó y se convirtió en ley.

Sin embargo, no tuvimos tiempo de celebrar. Teníamos todavía muchas otras cosas importantes que hacer.

Capítulo diecinueve
JEFE DE CAMPAÑA

A FINES DE MAYO DE 2009, REGRESÉ A LA UNIVERSIDAD DE ARIZONA y me mudé a un apartamento fuera del precinto. Tenía diecinueve años y estaba contento de vivir otra vez con personas de mi misma edad. Mis nuevos compañeros de casa eran Kim Osesky y Ryan Sonnenberg.

Kim y yo éramos buenos amigos. Habíamos vivido en el mismo salón residencial en nuestro primer año y ambos habíamos participado en el Concejo del Salón. Kim tenía mucha energía, lo cual era bueno. Ella cursaba estudios especializados en química y planeaba hacer una carrera como científica forense. No tenía absolutamente ningún interés en la política, lo cual me parecía maravilloso, pues yo pasaba el 95 por ciento de mi tiempo con gente al menos tan obsesionada con la política como yo, si no más. Si la convencía para que me acompañara a algún evento, me decía que yo la ignoraba a ella en favor de otras personas con las que tenía que ser amable. Yo podía hablar con ella durante treinta minutos acerca de algo mientras ella mantenía una expresión de aburrimiento porque no sabía de lo que yo estaba hablando ni tampoco le interesaba.

Kim y yo planeamos compartir un apartamento nosotros dos, pero no pudimos encontrar uno que tuviera dos dormitorios. Ryan, un amigo de nosotros del primer año, encontró uno de cuatro dormitorios y se sumó al plan. Ryan usualmente se acostaba antes de las nueve de la noche y yo nunca llegaba a la casa antes de las once o la medianoche debido a todas las cosas que estaba haciendo. No tenía idea de la especialización que él estaba estudiando. Las únicas veces que lo vi fue cuando él jugaba uno de sus juegos de vídeo en Xbox, así que el arreglo era perfecto.

Ninguno de los tres era muy bueno dividiendo las tareas domésticas, por lo cual nada se hacía. Yo cocinaba, pero nunca limpiaba. Dejaba que los otros lo hicieran o no. Y, claro, nunca limpiaban.

Reanudé mis clases en la universidad. Cuando llegó el momento de decidir el cambio de mi especialización de biología a ciencias políticas, no estaba ya tan apasionado por las ciencias como lo había estado una vez y no pensaba que fuera buena idea insistir en hacer algo que no quería hacer. Todavía no había tomado una clase de ciencias en la universidad y sólo me tomó el último año para cumplir con un requisito. Me encantaba abogar por causas justas. Eso significaba escribir y hablar para influenciar el proceso legislativo en temas políticos y sociales. Trabajaba con la asociación en temas como la educación pública para lograr cambios en el estado de Arizona.

Sabía que no estaba ya interesado en hacer una carrera en el campo de la salud. Me resultaba mejor el servicio público para ayudar a la gente. Mis padres se sorprendieron un poco con mi decisión. Yo había estado siempre tan inclinado a la idea de ser médico. Ellos no entendían la política ni cómo funcionaban las cosas ni por qué abogar por los estudiantes requería de ochenta a cien horas semanales de trabajo duro. Estaban un poco confundidos, pero me apoyaron.

Hacia el final del verano me había comprado mi primer automóvil, un Mitsubishi de segunda mano. Era un pequeño sedán blanco, nada especial, sólo algo para transportarme. Mis amigos y yo lo bautizamos con el nombre de Nicki Mirage, un juego de palabras basado en el nombre del cantante Nicki Minaj. Fue bueno finalmente tener la facilidad de moverme por mi cuenta sin pedirle a la gente, incluyendo a mi mamá, que me llevara a sitios. No me gusta pedirle favores a la gente.

No aprendí a conducir hasta los dieciocho años. Tenía el permiso, pero no la licencia. Mi papá había tratado de enseñarme, pero ahora necesitaba practicar un mes o dos antes de examinarme para la licencia. Así que tuve un automóvil antes de tener licencia. Soy muy testarudo y tenía miedo de suspender el examen. Todo lo que hago está motivado por el miedo al fracaso. Un miedo que me paraliza. Hago lo que haya que hacer por lograr la perfección.

Pasé el examen y necesitaba el automóvil más que nunca cuando comencé a trabajar para Steve Farley. En ese tiempo él estaba aspirando a la reelección como representante estatal por el Distrito 28 de Tucson. Steve le había pedido a mi amigo David Martínez que le dirigiera la campaña, pero David le dijo que ese no era su campo y le dijo que tenía a alguien en mente y sugirió que me contratara a mí. David me preguntó si me interesaba y le dije que sí. Esto fue a principios de enero de 2010, un par de semanas antes de cumplir veinte años.

Le envié a Steve mi curriculum vitae y fui a una entrevista en su casa. Steve y Kelly viven en una "propiedad histórica" construida en 1946. La puerta principal está pintada en color morado, las ventanas tienen el borde pintado en verde manzana y en el jardín del frente, cerca del cactus, hay sillas de metal color turquesa.

Steve es un artista público que inventó un proceso de trasladar fotografías a losas de cerámica glaseadas. Creó un mural en el paso inferior de la calle Broadway en Tucson en honor a la historia de la comunidad. Yo había visto el mural docenas de veces. Es imposible no verlo. Tiene cuatro mil pies cuadrados con gigantescas fotos históricas de tucsonenses trasladadas a losa.

Pero Steve es también un dedicado legislador. Se metió en la política por su interés en los temas de transporte. Comenzó un proyecto para revitalizar el centro de Tucson y trajo un tranvía moderno que cubre un trayecto de cuatro millas. "Mucha gente ni siquiera considerarían montarse en un autobús", dice Steve, "pero se montan en un tranvía porque lo consideran divertido".

Me gustaban sus ideas. Había conocido a Steve en una cafetería cerca de su casa cuando yo estaba cabildeando sobre temas universitarios. Steve tenía la creencia de que todos los estudiantes deberían poder costear sus estudios universitarios cualquiera que fuera la situación financiera de su familia.

En la entrevista en la sala de su casa, Kelly y él me hicieron preguntas. No estaba nervioso. Hablé sobre el significado de las elecciones que se aproximaban y lo que yo pensaba que podría aportar. Comprendía que Steve estaba enfrentándose a cuatro personas y que necesitaba ganar la primaria en agosto. Él no podía estar en Tucson a tiempo completo mientras no terminara la sesión legislativa. Los legisladores usualmente tratan de terminar la sesión en cien días, lo cual significa ir y venir a Phoenix constantemente. A veces se quedan más tiempo cuando el gobernador convoca a una sesión especial para discutir un tema específico. Steve necesitaba a alguien como yo para asistir a todas las reuniones de diferentes grupos democráticos en Tucson y ser la voz de su campaña, además de informar lo que él hacía en el capitolio.

Steve me contrató a mitad de la entrevista. Se sorprendió por mi edad pensando que era mayor. Pero se arriesgó a confiarle la dirección de su campaña a un chico de diecinueve años que lo representara además en eventos. Más tarde comentó que estaba impresionado porque yo era inteligente, sincero y tenía dominio de los temas.

"Cuando uno encuentra a la persona adecuada con la capacidad requerida, no importa la edad que tenga", dijo Steve. "Era obvio desde el principio que esta era la persona. Más que una entrevista, parecía su primer día de trabajo".

Por mi parte, estaba muy contento de haber obtenido el trabajo y me entusiasmaba la idea de tener un nuevo desafío. Recibiría un modesto salario y comenzaría inmediatamente.

Capítulo veinte
LGBT

A partir de enero dividí mi tiempo entre la universidad, la Asociación de Estudiantes de Arizona y la campaña de Steve. De algún modo me las había arreglado para completar suficientes asignaturas y pasar de grado. Presentaba mis trabajos tarde, pero pedí a mis maestros que fueran flexibles con mis horarios. Aunque principalmente tomaba asignaturas relacionadas con mi especialización de ciencias políticas, no recibí créditos por estar haciendo exactamente ese trabajo en la práctica. Tenía que cumplir con tareas regulares como todos los demás. Me pongo inquieto cuando no estoy haciendo cinco cosas a la vez.

Steve no tenía oficina en Tucson, por lo que utilizamos un espacio al fondo de su casa que estaba lleno de computadoras, teléfonos y archivos. Mi tarea principal era reclutar voluntarios, pues no había dinero para contratar a nadie. Mi hermana

Consuelo no estaba interesada, pero persuadí a mi hermana más pequeña, Alma, a que trabajara conmigo porque necesitaba ayuda adicional. Alma se había graduado de secundaria precozmente en diciembre a la edad de dieciséis años y estaba tomando clases en el Colegio Comunitario de Pima, así que tenía tiempo. Terminó haciendo lo mismo que yo hacía y se metió en la política como yo. Steve estaba asombrado de lo joven que era Alma —demasiado joven incluso para votar por él— pero ella disfrutaba ser parte del equipo e ir puerta por puerta pidiéndole apoyo a los votantes.

Antes de una conferencia de prensa (de izquierda a derecha): Kelly Paisley, David Gass, Steve Farley, Daniel, Dana Marie Kennedy y Katie Hobbs

Caminar es la parte más importante de una campaña. Steve siempre decía que yo era un "caminador implacable". Primero teníamos que tocar a la puerta de la gente y pedirles que firmaran una declaración certificando que Steve Farley los representaría y debía por tanto estar en la boleta. Cada candidato tenía que recoger de trescientas a cuatrocientas firmas y enviarlas al secretario de estado en Arizona para aparecer en la boleta. (La cifra cambia cada año, dependiendo del número de personas inscritas en cada distrito.) Recogimos entre ochocientos y novecientos nombres.

Antes de salir a caminar nos reuníamos en casa de Steve y, mientras tomábamos café y comíamos rosquillas, discutíamos cómo íbamos a presentarnos a la gente. Yo tenía un mapa que mostraba dónde vivían los votantes en el distrito de Steve. Generalmente teníamos la norma de que nadie saliera a tocar a las puertas por su cuenta. Se suponía que camináramos de dos en dos. Aunque no podíamos controlarlo todo, podíamos tomar precauciones para la seguridad de los voluntarios. A veces, cuando tocábamos a alguna puerta, la gente salía desnuda o fumando marihuana. Alma nos contó que ocasionalmente había hombres que venían a la puerta en ropa interior o envueltos en una toalla y decían cosas inapropiadas. Ella pensaba que todo eso era "bastante cómico", aun cuando un perro estuvo a punto de atacarla.

Una vez un tipo me persiguió en su carrito de golfo. Otro me gritó: "¡Sal de mi propiedad!" y me fui enseguida. Es por eso que usualmente salíamos en grupos y llevábamos teléfonos celulares. Siempre les decía a los voluntarios: "Si no se sienten seguros, no salgan a caminar".

Sin embargo, yo mismo no seguía esas reglas porque los demás me retrasaban y prefería caminar solo. Todavía lo hago.

Pero a veces trabajo con otra persona y, en esas ocasiones, si necesito ayuda, uso a la otra persona para interrumpir. A eso le llamamos "refuerzo".

Por ejemplo, si estoy hablando con alguien y la conversación se prolonga, Alma, o cualquier otra persona con la que yo esté en ese momento, interrumpe y dice: "Nos alegra mucho hablar con usted, pero a Daniel se le ha hecho tarde para otra cita". O "Ha sido un placer haberlo conocido, pero tenemos que apurarnos para visitar la próxima casa". Nunca puedo ser brusco con alguien. Los votantes tienen que pensar que soy amable y que me comporto amistosamente porque estoy tratando de convencerlos de que voten por mi candidato, mientras Alma es la encargada de mantener el contacto lo más breve posible. Desde que ocurrió el tiroteo del 8 de enero, a menudo la gente me reconoce cuando voy de puerta en puerta y quiere hablar conmigo durante veinte o treinta minutos. Como tengo que cumplir con mis metas para ser efectivo, Alma apura la conversación. Si estoy solo, simplemente digo: "Tengo que marcharme".

A veces Alma y yo vamos en automóvil a un vecindario y ella toca a las puertas mientas yo me quedo en el automóvil haciendo llamadas para usar el tiempo de manera más eficiente.

Las caminatas continúan durante toda la campaña hasta el mismo día de las elecciones. Parte del trabajo es divulgar la plataforma del candidato y lo que espera lograr además de pedirle a la gente que vote por él. Por ejemplo, Steve fue el primer legislador en el país en introducir una prohibición de enviar textos telefónicos mientras uno está conduciendo. No logró apoyo en la Legislatura y ha continuado impulsando el proyecto de ley durante años. También le preocupaban los temas de inmigración y aumentar las oportunidades de educación. Todavía le siguen preocupando esos temas. El transporte público es otra de sus prioridades: obtener fondos para construir carreteras, puentes y servicio de trenes.

Trabajaba desde mi automóvil el 95 por ciento del tiempo mientras me dirigía a diferentes eventos. Necesitaba representar a Steve en muchos eventos en todo Tucson y hablar acerca de los diferentes candidatos.

Mientras trabajaba con Steve ayudaba también a Gabby con su campaña de reelección. Coordinábamos cosas con su campaña y ella nos enviaba tareas que necesitaba hacer. Steve y Gabby compartían muchas de las mismas ideas y principios. Ambos querían más fondos para la educación, reformas de inmigración e igualdad de compensación para la mujer que hacía el mismo trabajo que el hombre. Y así, cuando yo tocaba a la puerta de alguien para que apoyara a Steve también los convencía de que votaran por Gabby. Steve y Gabby se conocían desde hacía mucho tiempo y había sido él quien había diseñado el logo de su campaña: "Giffords para el Congreso".

En los eventos ella siempre se acercaba para saludarme. Una vez trajo al senador Mark Udall a un evento de recaudar fondos para ayudar a su campaña y no pudo venir a saludarme.

Pero a la mañana siguiente, cuando regresó a Washington, DC, me envió un correo electrónico disculpándose y preguntándome: "¿Cómo van tus estudios? ¿Cómo está tu mamá?".

Daniel y Gabby con un pastel que hizo la madre de Daniel

Steve hacía la mayoría de sus propias llamadas pidiendo donaciones para su campaña. Pero celebramos algunas fiestas en casas cuyos dueños nos permitían usarlas y donde se brindaban refrescos y cosas de comer. Alma recibía a los invitados en la puerta y yo me encargaba de todo mientras Steve pronunciaba un discurso y contestaba preguntas. Después todos ayudábamos a limpiar. Mi mamá hizo muchos pasteles y pronto nuestras familias se identificaron mucho.

Steve tiene dos hijas de un matrimonio anterior, GiGi y

Amelia, y ellas se juntaban con nosotros para divertirse a pesar de que eran muy jóvenes para participar en nuestras actividades. Alma dice que ella considera a Steve su segundo padre y a Kelly su segunda madre.

Mis padres comenzaron a interesarse en la política por mí, y venían a los grandes eventos a favor de Steve. Antes de la primaria mi papá ayudó a hacer llamadas para ambos Steve y Gabby cuando traje a casa una lista de nombres y números de teléfonos. Yo le escribía lo que tenía que decir, aunque el texto cambiaba constantemente según surgían nuevos temas.

Estaba demasiado ocupado con todo lo demás para poder involucrarme en los grupos de LGBT en la universidad. Entonces mi amigo David Martínez me pidió que solicitara el trabajo de comisionado de los asuntos gay en la Ciudad de Tucson. Él era el comisionado entonces, pero se estaba mudando a Phoenix para un trabajo nuevo. No tenían a nadie en la comisión excepto David para servir de coordinador con los estudiantes en la universidad. Solicité la posición y David me recomendó.

En junio de 2010 recibí una carta oficial en la casa de mis padres nombrándome para los temas gay en la comisión de la Ciudad de Tucson. A la edad de veinte años me convertí en el comisionado más joven. El alcalde me había nombrado para ser uno de sus diez consejeros. La edad de la mayoría de los demás miembros de la comisión estaba entre cincuenta, sesenta y setenta años.

Yo no estaba en la casa cuando llegó la carta y mis padres la abrieron y me la leyeron por teléfono. Entonces mi madre preguntó: "No se supone que seas gay para ocupar ese cargo en la comisión?"

"Probablemente", respondí. Y enseguida dije: "Me tengo que ir".

Nunca les había dicho que era gay. Su descubrimiento fue algo que simplemente ocurrió. Pocos meses después, cuando fui nombrado a la comisión, mi mamá y mi papá me hablaron del tema y algunas veces me acompañaban a las actividades de LGBT.

Como comisionado me involucré más con los asuntos de LGBT en la universidad. Mi tarea era acercarme a los estudiantes e informarles los recursos que había disponibles para ellos en las áreas de salud mental, el tema de los abusos de bravuconería y otros temas de salud como las pruebas de VIH. Wingspan, por ejemplo, provee información y servicios de orientación médica. Yo quería ser el vínculo entre los jóvenes estudiantes y la ciudad y resolver los problemas de la juventud gay, entre las edades de dieciséis a veinticuatro años.

Me enteraba de problemas y trataba de buscar la manera de interactuar. Muchos de los casos eran hispanos. Alguien que se declaraba gay y no recibía apoyo de la familia podía terminar en la calle o caer en la prostitución, el alcohol y las drogas. Nosotros teníamos programas para ayudar a aquellos que habían sido expulsados de sus familias a encontrar un lugar donde vivir. Vi a algunos de mis propios compañeros pasar por eso.

Yo también abogaba por el derecho de los estudiantes a pagar una cifra razonable por su matrícula universitaria. Antes de que me nombraran comisionado supe de alguien que estaba en una gran necesidad. Era gay y estudiaba ingeniería en la Universidad de Arizona. Había ahorrado dinero para sus estudios y su madre soltera lo ayudaba. Pero su madre se enfermó y no pudo seguir trabajando. No había sido elegible antes para recibir ayuda financiera porque su madre trabajaba. Ahora, en base de la declaración de impuestos de su madre del año anterior, tampoco era elegible para recibir ayuda y no podía pedirle ayuda a su madre, aunque necesitaba continuar su educación. Trató de pagar él mismo la matrícula y vivió cuatro meses en su automóvil en el garaje de la universidad y se bañaba en el gimnasio. Pasaba tiempo en la federación estudiantil o en la biblioteca y nunca salía de la universidad. Comía sólo dos veces al día ordenando del menú de noventa centavos de Burger King. Me lo encontré una vez cuando caminábamos hacia las aulas y le di la dirección de mi correo electrónico y el número de mi celular. Pero poco después no pudo continuar asistiendo a clases y comenzó a trabajar en un restaurante. Era algo muy triste. Su historia fue una de muchas que me hicieron cobrar más conciencia de las diferentes situaciones que existen.

Yo trataba de ser la voz de personas en crisis. Muchos no tienen la capacidad de hablar por sí mismos. Sin embargo, mi trabajo como comisionado no era tan proactivo como yo pensaba. Yo quería más un papel en el que pudiera abogar y defender más. En lugar de eso, iba a reuniones mensuales en que los temas que se discutían nada tenían que ver con mi prioridad: los estudiantes. La comisión hablaba de asuntos de la comunidad y hacía informes sobre lo poco que se estaba logrando en lugar de discutir las necesidades de los estudiantes.

Entretanto, continué haciendo campaña para Steve y Gabby durante la primera parte del verano. Steve me dijo: "Ir de puerta en puerta en julio no es fácil". Hace calor, cerca de cien grados todos los días. Pero lo hicimos. La primaria se celebró en agosto y Steve ganó. Mi mamá le hizo un pastel de la victoria (su favorito, como el de Gabby: limón relleno de limón) para celebrar. Pero una vez que Steve ganó, no necesitaba ya mantener su campaña funcionando tan agresivamente, pues el distrito ya estaba asegurado. Lo habían escogido a él en la primaria y con toda probabilidad votarían por él en noviembre. De modo que me animó a hacer algún trabajo en una parte diferente de Tucson.

Capítulo veintiuno
de puerta en puerta

Todavía estaba técnicamente a cargo de la campaña de Steve cuando él me pidió que ayudara a colegas suyos en un distrito más difícil. Dos mujeres aspiraban a la Legislatura estatal en el Distrito 26 al noroeste de Tucson. "Ellas necesitan tu ayuda más que yo", me dijo. Nancy Young Wright era una titular y Cheryl Cage se estaba postulando por segunda vez en un distrito que no favorecía a los demócratas.

El Distrito 26 estaba dentro del Distrito 8 que Gabby representaba en el Congreso, así que también la estaría ayudando a ella. No tenía ventaja en las encuestas y corría el riesgo de perder su escaño. El Distrito 8 es un área conservadora, predominantemente republicana, menos interesada en temas como la reforma migratoria, los cuidados de salud y el salario mínimo. De modo que era importante conseguir que los demócratas salieran a votar por Gabby, Nancy y Cheryl. Mi tarea era hacer lo que había hecho por Steve, ir de puerta en puerta tratando de obtener el apoyo de los votantes.

La gente tiene la tendencia a decir cosas desagradables en este tipo de visitas. Pronuncian amenazas porque uno está entrando en su espacio. Dos veces me apuntaron con una pistola. Una persona había puesto un letrero en su césped que decía: TENGO EL DERECHO QUE ME DA LA SEGUNDA ENMIENDA Y NO TENGO MIEDO EJERCERLO. Cuando llegué a su puerta y comencé a hablar para tratar de averiguar si era un partidario o un opositor, sacó un arma de su bolsillo trasero y empezó a jugar con ella. No sé mucho de armas de fuego, pero pude ver que era un revólver. Yo no tenía miedo. Dudaba que alguien disparara sin una razón. Probablemente era un opositor, considerando el extremo a que llevan la Segunda Enmienda, pero mi misión era lograr que el mayor número de personas hablara conmigo, independientemente de su posición. Mientras yo hablaba, él le pasaba la mano al cañón del revólver, jugando con él de una manera muy amenazante, tratando de demostrarme quién era el que dominaba la conversación. Pero yo no me iba a dejar intimidar por nadie, así que mientras seguía jugando con el revólver, le hacía preguntas.

—¿Ha oído hablar de las candidatas Gabby, Nancy y Cheryl? —le pregunté.

Si me decía que sí y que se inclinaba a apoyarlas, entonces yo le diría: "Gracias por su tiempo". Pero si no, entonces yo apelaba a argumentos sobre las candidatas y le entregaba un folleto de cada una. Resultó que le simpatizaba mucho Gabby, pero no quería apoyar a las otras dos candidatas. Me dijo que agradecía que hubiera dedicado tiempo a hablar con él. La conversación duró cinco minutos. Al final, me dijo: "Voy a apoyar a la congresista aunque no estoy de acuerdo con ella en todo. Pero está haciendo un buen trabajo y pone su mayor esfuerzo".

En áreas rurales del sur de Arizona, los rancheros acostumbran a venir a la puerta con sus revólveres enfundados en sus cinturones. Es mucho más común en esas zonas. Una vez un tipo vino a la puerta frotándose el costado de su cadera donde tenía el revólver. Hizo contacto visual conmigo y me dijo: "Sal de mi propiedad". Señaló a los letreros que había frente a su casa que decían: PROHIBIDO EL PASO Y NO PEDIR. Pero yo no venía a pedir. Tenía una misión y permanecí calmado. Estaba tocando a las puertas por Gabby.

El hombre dijo: "Tengo un arma y no tengo miedo usarla. Además, *sé* usarla".

Mantuve mi concentración. Tenía una tarea que hacer. Esta era una elección en que necesitábamos a los independientes o republicanos. Teníamos que hablar con los votantes que estuvieran en la cerca y todavía indecisos. Finalmente le di las gracias por su tiempo y continué. Rehusé descender a su nivel.

En otra ocasión un desamparado empezó a caminar detrás de mí cuando yo iba de casa en casa. Se me acercó de manera amenazante. Corrí hacia el automóvil al final de la calle y no pudo alcanzarme. Pero me quedaban todavía cincuenta casas por visitar. Entré en mi automóvil y me alejé tres cuadras y luego terminé de visitar todas las casas en mi lista.

Por supuesto, mis padres se preocupaban por mi seguridad. Nunca les contaba estos incidentes ni la frecuencia de mis salidas de puerta en puerta. Sabían que tenía una tarea que cumplir. Tocar a la puerta puede ser mucho más efectivo que enviar cartas. Mis padres apoyaban a Gabby y a Steve y asistían a los eventos en que yo participaba.

Los invité a un debate entre Gabby; Jesse Kelly, un republicano miembros del Tea Party; y el ex senador Jonathan Paton, también republicano. Los dos republicanos se habían postulado contra Gabby por su escaño en el Congreso. Organicé ese evento por la Asociación de Estudiantes de Arizona, que no es partidista. Yo no quería que la gente de la campaña de Jesse Kelly se disgustara porque yo trabajaba para la asociación y estaba obviamente parcializado. De modo que pasé la mayor parte del tiempo detrás del escenario trabajando en logísticas. Les había dicho a mis padres que estuvieran allí a una hora determinada para yo poder salir y acompañarlos al salón y procurar que tuvieran asientos para ver el debate. Pero llegaron tarde, por lo que no pude llevarlos a sus asientos. Cuando llegaron, mi papá venía en una silla de ruedas por haberse triturado el tobillo y por sus problemas con la pierna. Subieron en el elevador. Luego supe que en el elevador se habían encontrado con otro hombre, también en una silla de ruedas, que resultó ser el padre de Gabby. Mis padres no lo habían conocido antes, pero cuando subían en el elevador comenzaron a hablar y terminaron sentándose juntos durante el debate. El padre de Gabby no cesaba de preguntarles a mis padres cómo veían la participación de Gabby. Mi papá le dijo lo mucho que les gustaba Gabby y que yo había estado trabajando para su campaña. Al final, el padre de Gabby les dijo: "Por cierto, mi nombre es Spencer. Conozco a su hijo. Soy el papá de Gabby".

Unos días antes de las elecciones me encontré con Gabby, su esposo y sus padres en una fiesta que se estaba celebrando en el Hotel Congress, uno de sus grandes partidarios. Ayudé a organizar el evento. Tenían mucha música en vivo e invitados que se encargaban de tocar la música grabada, incluyendo a Steve. Traje a Alma conmigo y ella quiso salir a comer. Cuando salíamos del restaurante, Gabby se levantó de su mesa y vino a darme un abrazo. Yo tenía tanta prisa que no la vi. A la salida, Alma me gritó: "¿No viste quién se levantó a saludarte?" Le dije que no. Alma me dijo que Gabby había tratado de saludarme y que seguí caminando, por lo que regresé para saludarla. Gabby se rió porque yo me disculpé profusamente. Mark estaba almorzando con ella y también sus padres, Gloria y Spencer. Yo había conocido a Mark probablemente un par de docenas de veces, pero él seguía diciéndome: "Mucho gusto en conocerlo".

Había conocido a Gloria algunas veces antes. Pero ella no me recordaba, aunque Spencer sí y me hablaba en español (su español es muy bueno). Me preguntó cómo estaba mi madre. Recordaba a mis padres del día del debate. Todos fueron muy amables.

La noche antes de las elecciones generales, tuvimos una actividad tradicional de medianoche. Quince o veinte de nosotros nos reunimos en la casa de Steve. Nos brindó café y Coca-Cola mexicana hecha con verdadera azúcar de caña que además tiene más cafeína. Entonces nos dirigimos a diferentes recintos donde pusimos carteles que decían: FARLEY PARA REPRESENTANTE ESTATAL, además de letreros para Gabby y Terry Goddard, que aspiraba a gobernador. No pusimos letreros para Nancy y Cheryl porque estaban postuladas en otro distrito. Steve comentó que había sido divertido. Terminamos antes de la una de la madrugada y los voluntarios y él regresaron a la casa a comer más postre y tomar más café. Pero yo me quedé hasta las cuatro de la mañana, asegurándome de que los letreros seguían allí, porque la gente (imagino que voluntarios de los otros candidatos) los estaban tumbando. Dos veces tuve que volver a colocar cuarenta y ocho letreros de Gabby entre la medianoche y las cuatro de la mañana.

Como siempre, hubo una fiesta la noche de las elecciones. La mayoría de los resultados llegaron al mismo tiempo. Steve ganó y celebramos. Como dijo Alma, nuestro trabajo había dado frutos. Mi mamá y ella habían hecho pasteles de victoria para Steve y Gabby con la esperanza de que ganaran. Pero la elección de Gabby estaba todavía muy reñida para saber quién había ganado. Nuestras otras dos candidatas, Nancy y Cheryl, perdieron. Habíamos trabajado mucho por ellas y nos sentimos frustrados.

A diferencia de la elección de 2008, cuando había habido mucho que celebrar, la de 2010 fue muy sombría. En el curso de la noche el pastel que mi mamá había hecho para Gabby se había quedado en el escenario principal de la fiesta y no había sido llevado a su fiesta privada como se suponía que se hiciera. No quería molestar a Gabby, pero tampoco quería que el pastel que ella había pedido con sus sabores favoritos se quedara y terminara en la basura. Así que Kelly y Steve me acompañaron a subir el pastel a la suite de Gabby en el hotel.

Cuando entré, el ambiente era gris. Todos estaban silenciosos o llorando. Los resultados no parecían buenos. Las computadoras estaban abiertas y las encuestas muy reñidas. Las encuestas primero situaron a Kelly con un punto de ventaja, luego empatados y después Gabby un punto detrás. Yo sólo quería entregar el pastel y desaparecer. Cuando estábamos listos para irnos, Gabby salió del dormitorio de la suite.

Estaba calmada; una calma extraña para una persona que está a punto de perder su escaño. Se me acercó y me abrazó. Entonces dijo suavemente: "Gane o pierda, la cuestión no es tener poder. La cuestión es utilizar la responsabilidad de representar a la gente al máximo de nuestra capacidad. Ayudaremos a la gente hasta el último minuto en que permanezca en mi cargo. Y después continuaré tratando de ayudar a los demás".

Yo estaba exhausto y entristecido por los resultados de gente como Nancy y Cheryl, pero en este pequeño momento toda mi fe en la importancia del servicio público me regresó. Aun en ese difícil momento Gabby estaba impartiendo la lección de que la vida es mucho más que la política. La vida es ayudar a los demás. Esto renovó mi fe en ella y en el hecho de que son personas como ella, que valoran el servicio público, el tipo de personas que debemos elegir al Congreso.

Esa noche hablé con su jefa de oficina, Joni Jones, e hice arreglos para solicitar una pasantía en la oficina de Gabby en el Congreso si era elegida.

Casi una semana después todavía no se había definido un ganador. Consultábamos constantemente el sitio Web de la secretaria de estado para saber. Gabby estaba en su oficina cuando llegó un largo comunicado de prensa anunciando su victoria por un margen muy estrecho. Me emocioné. Todos estábamos emocionados. Inmediatamente después de llegar la noticia, el equipo de Gabby convocó a una fiesta improvisada en su oficina. Todos estábamos allí para celebrar: el personal de su oficina, los pasantes, Steve, Nancy, Cheryl, todos los que habíamos trabajado en la campaña de Gabby.

Yo quería continuar trabajando para ella. Ella contaba con una de las mejores operaciones de servicios a electores en el país. Gabby realmente escuchaba y estaba al tanto de las preocupaciones de la gente en su distrito y tenía una de las más altas tasas de éxito en satisfacer las necesidades de sus electores.

Le apasionaba el tema de ayudar a los demás. De Gabby aprendí que uno no tiene que tener un estetoscopio para ayudar a la gente. El servicio público puede tomar muchas formas y podemos encontrar nuestras propias maneras de contribuir a mejorar la sociedad.

Gabby y su esposo, Mark Kelly, con el pastel "Giffords para el Congreso" en la noche de las elecciones de 2010

Capítulo veintidós
Presidente del estudiantado

Había estado años planeando postularme para presidente del estudiantado de la Universidad de Arizona, la universidad que amaba. Quería continuar trabajando en algo similar a lo que había hecho con la Asociación de Estudiantes de Arizona: abogar por los estudiantes.

Empecé a reclutar amigos que me acompañaran en mi propósito: Erik Lundstrom, que había trabajado en la coordinación de la campaña de Gabby; Monica Ruiz y Brittany Steinke, a quienes conocía de la oficina de Estudiantes Asociados de la Universidad de Arizona; y Chandni Patel, a quien no conocía, pero alguien había recomendado. Nos pusimos el nombre de Equipo Rojo. No existía razón alguna para haber escogido el color rojo, excepto que nos vinculaba dondequiera que íbamos. Erik y Chandni se estaba postulando para el senado, Monica para vicepresidenta ejecutiva, y Brittany quería ser vicepresidenta administrativa. Trabajamos juntos como candidatos.

Asumí el mando porque sabía dirigir una campaña debido a mi experiencia dirigiendo la campaña de Steve. La primaria estaba fijada para principios de 2011 y la elección sería en marzo. Le dije a Joni Jones, jefa de oficina de Gabby, cuando me entrevistó para la pasantía que mi tiempo estaría limitado y les pedí a Gabby y a ella que fueran flexibles con mis horarios de trabajo.

En campaña con Monica, Chandni y Brittany

Necesitaba la pasantía para obtener créditos universitarios, pero más que todo quería trabajar con Gabby. Me contrataron a mitad de la entrevista. Como era uno de los aspirantes más calificados, Joni me puso a hacer trabajos más avanzados, como los que hacían algunos de los trabajadores fijos. Se suponía que comenzara el 12 de enero, cuando comenzaba el curso.

Mientras tanto, concentré toda mi atención en la campaña para presidente del estudiantado. Había un límite en el gasto de campaña de cuatrocientos dólares y comencé a planear cómo recaudar fondos para repartir información con mi nombre sobre la elección. Emily Fritze era la actual presidenta del estudiantado y ella también había hecho una pasantía con Gabby.

El 23 de diciembre salí a comer con Steve, Kelly, Amelia, GiGi y mis hermanas, y nos encontramos a Gabby. Ella vino a nuestra mesa a hablar con nosotros por unos minutos antes de irse a comer con sus padres. Se habían sentado en una esquina en el fondo del restaurante, por lo cual no los habíamos visto. Gabby estaba sonriente y entusiasmada por haber ganado su reelección. "Oye, ¿tú no estás haciendo una pasantía en mi oficina?", me preguntó. Joni se lo había dicho y también le había contado que yo estaba planeando, al igual que Emily, postularme para presidente del estudiantado. Entonces Gabby dijo: "Ahora habrá dos presidentes que fueron pasantes de Giffords. Confiemos en comenzar un legado de pasantes de Giffords que lleguen a convertirse en presidentes".

Me preguntó cómo estaba mi madre y añadió: "Dile que venga contigo al próximo evento".

El 3 de enero recibí una llamada de la oficina de Gabby pidiéndome que adelantara mi pasantía y comenzara antes.

Estaban cortos de personal y necesitaban ayuda. Así que trabajé en la oficina todos los días de esa semana, contestando el
teléfono, trabajando en casos de electores, ayudando al personal fijo en lo que hacía falta.

También trabajaba como cajero en World Market, una
tienda que vende muchos productos importados. Habían
pasado ya las fiestas y había un receso en la universidad. Tenía
tiempo y necesitaba ganar algún dinero.

Cena en un restaurante para celebrar el cumpleaños de la mamá de Daniel. Sentados de
izquierda a derecha: Steve, GiGi, Amelia, Alma, la señora Hernández y el señor
Hernández. De pie de izquierda a derecha: Kelly, Consuelo y Daniel.

El jueves 6 de enero Gabby llamó a su oficina desde
Washington diciendo que quería organizar un evento de los
llamados "Congreso en su esquina". Según me dijeron, tomaba
usualmente una semana organizar este tipo de evento, pero un
mercado Safeway en Tucson había dicho que podía hacerlo en
dos días. De modo que el personal de la oficina llamó a diez

mil núcleos familiares en el área, informándoles del evento. Estas llamadas eran conocidas como *robocalls*. Gabby grababa el mensaje en Washington y un programa de computadora marcaba automáticamente los números de teléfonos. La oficina tenía una lista de números telefónicos cuyos códigos postales coincidían con el código postal del área donde se celebraría el evento.

Ofrecí mi ayuda. El viernes me dijeron que el evento sería en el Safeway de la esquina de Ina y Oracle. Había planeado después ir a depositar mi cheque de ayuda financiera para la universidad, pagar mi cuenta de teléfono y recoger mis lentes de contacto. Al mediodía o cuando terminara el evento se suponía que fuera a trabajar en World Market. Si había mucha gente en el evento, generalmente Gabby no se iba, aunque llegara tarde al próximo evento.

Esa mañana me levanté a las siete y cuarenta y cinco como de costumbre. El sábado 8 de enero de 2011 comenzó como cualquier otro día cualquiera.

Cuarta parte

~ LAS REPERCUSIONES ~

Capítulo veintitrés
HISPANO Y GAY

EL PAPEL QUE ME TOCÓ DESEMPEÑAR EL 8 DE ENERO ME CAMBIÓ LA vida para siempre. Kelly dijo que me había convertido en alguien "conocido globalmente". Fui abrumado por la prensa y llevado a Nueva York para entrevistas en vivo por televisión. Kelly me persuadió a aceptarlas todas. Tuve que contar y repetir la historia de cómo había sentado a Gabby, le había aplicado presión a su herida y la había mantenido alerta. La mayoría de los otros que "respondieron rápidamente" tuvieron siete u ocho entrevistas y algunos de los que habían actuado rehusaron hablar del todo.

Adondequiera que iba, la gente me reconocía. Se me acercaban y me decían cuánto les había ayudado en su recuperación escuchar mi historia. He aprendido también a dejarles compartir sus propias experiencias.

Los niños me consideran un ángel y me preguntan si pueden tocarme. En restaurantes me piden mi autógrafo. A los niños les gusta que les tomen fotos conmigo. Muchos de ellos sólo querían acercarse a mí para saludarme. Y usualmente decían: "Mi mamá piensa que usted es valiente (o buena persona)".

Los adolescentes me dicen: "Lo admiro de verdad. Usted es fenomenal. Fue muy bueno lo que usted hizo". Usualmente me piden retratarse conmigo para poner las fotos en Facebook o Twitter. A algunos no se les ocurre preguntarme y me toman una foto cuando no estoy posando, cuando estoy en medio de una frase o comiendo. En las estaciones de gasolina personas extrañas me querían estrechar la mano. En las cafeterías, cuando iba a la caja a pagar por mi café, a la cajera se le iluminaban los ojos y me decía: "Pensé que tu cara me era familiar. Tú eres Daniel. Muchas gracias". Mis amigos actuaban exactamente como antes. Su trato no había cambiado en lo absoluto. Sin embargo, en el precinto de la Universidad de Arizona los estudiantes se detenían a abrazarme.

Era demasiado. Especialmente porque llegaba tarde a todas partes. Me detenía a hablar con alguien por diez minutos en lugar de irme al automóvil como debía. Traté de ser flexible. Me detenían para entrevistarme para la radio o la televisión. Pero yo no quería ser el centro de la atención. No quiero estar en primer plano.

La gente venía a mi casa a retratarme. A mis padres no les agradaba ser ahora objeto de escrutinio. Los reporteros detenían a mi madre más que a cualquier otro miembro de la familia. Ella y yo hicimos una entrevista juntos en español para la cadena Univisión. Inmediatamente mi mamá y yo tuvimos noticias de familiares en México. Comenzaron a llamar para enterarse de lo que estaba pasando. Algunos pensaban que también merecían ser el centro de atención y acaso tendrían oportunidad de ganar dinero y ser famosos. Pensaban que porque yo aparecía en los medios estaba ganando mucho dinero, lo cual no era cierto.

Daniel en un evento del Fondo de Victoria con la congresista Sheila Jackson Lee (izquierda, al frente) y la presidenta del Concejo de la Ciudad de Nueva York Christine Quinn (derecha, al frente)

En los primeros días después del tiroteo, recibí cientos de correos electrónicos. No todos los mensajes eran positivos.

Había algunos comentarios hostiles. Alguna gente escribió cosas horribles.

"Eres muy gordo. Quítate de mi pantalla".

"Eres demasiado oscuro. Regresa a tu país".

"Vas a terminar en el infierno". Aparentemente por ser gay.

El Dallas Voice, una fuente periodística en el internet para lectores LGBT en Texas, había incluido una entrevista conmigo la mañana del tiroteo y me había identificado como un "pasante gay". Una página Web de LGBT citó el artículo del Dallas y me había identificado como "un latino gay".

Pero algunos comentarios me apoyaban. "El hecho de que el Sr. Hernández sea homosexual e hispano es algo que hay que señalar". Y "estadounidenses que son LGBT hacen cosas heroicas tal como lo hacen los heterosexuales".

Sin embargo, una mujer de Washington, DC, escribió: "Sería un error llegar a la conclusión de que porque una persona identificada como 'gay' haga algo admirable, la homosexualidad no es algo anormal. Claro que es anormal". La mujer añadió que la homosexualidad y el trasgenerismo "se pueden prevenir y tratar", y ofrecía links a sitios Web con títulos descriptivos como "de gay a heterosexual" y "la gente puede cambiar".

La comisión de Tucson para LGBT también estaba recibiendo este tipo de correos electrónicos y la co-presidenta envió un mensaje a todos los comisionados advirtiéndonos que llamáramos a la policía si ocurría algo grave. "Este mundo es una locura", escribió ella, "y lamentablemente muchos comisionados están recibiendo correos electrónicos negativos refiriéndose a Daniel y a su orientación sexual. Por favor, no contesten ninguno de estos correos. Sería mejor incluso no leerlos".

Kelly estaba muy disgustada y dijo: "Simplemente dejé de leer los blogs. Es difícil ser gay e hispano en Arizona".

Pero a mí los comentarios injuriosos no me hacen mella. No les hago caso. Tengo la piel muy gruesa. Siempre he sido así. No me pongo defensivo sobre mi persona. Me pongo defensivo sobre otras personas a las que quiero, como la familia, la congresista u otros candidatos con los que he trabajado. Si ellos reciben ataques, entonces sí me disgusto. Soy sensible acerca de otros aunque no lo soy acerca de mí mismo.

También recibí mensajes positivos y hubo gente que me escribió cosas muy amables como "Gracias", "¡Bendiciones!" y "Cariños".

Uno de mis compañeros de clase en la universidad que había visto mi entrevista en CNN el día después del tiroteo, escribió: "Me siento orgulloso de haber estado en la clase de japonés 102 con esta persona".

Julia Ashley, una instructora de Reiki en Ohio, escribió: "Quería compartir con usted un estudio médico que sugiere que ayudó más a Gabby de lo que imagina. Puede haberle aliviado el dolor también". Julia citaba un trabajo presentado por un cardiólogo francés y decía que yo debía considerar la posibilidad de especializarme en curas alternativas conjuntamente con ciencias políticas. "Creo que el tema de la curación volverá a hacerle un llamado", escribió. "Puede hacer ambas cosas. Simplemente no descarte la medicina alternativa. Le viene de manera natural".

Era abrumadora la cantidad de correspondencia que estaba recibiendo. Tengo una carpeta con cientos de correos electrónicos. Llegó un momento en que dejé de revisar mis correos electrónicos durante seis meses. Entonces comencé básicamente una nueva cuenta de correspondencia electrónica. No me gustaba toda esa atención, fuera positiva o negativa.

Cuando únicamente me importa es cuando hay algún tipo de amenaza, como cuando me pidieron que hablara en algún lugar y alguien escribió: "Si alguna vez regresas a mi pueblo voy a asegurarme de que lo lamentes". Siempre reporto amenazas de violencia a las autoridades pertinentes. Depende de la perspectiva de cada persona. Es importante dejarle saber a la gente que no pueden hacer amenazas infundadas impunemente. Todavía no he recibido ninguna amenaza de muerte.

Pero hubo también cartas de jóvenes de todos los puntos del mapa que enfrentaban crisis de identidad. Escribían diciendo: "Nunca pensé que yo podría recibir una educación, pero algo que usted dijo..." O: "Nunca pensé que alguien que fuera latino pudiera...", y mencionaban algo que yo había hecho.

También se me da crédito por muchas cosas que nunca he

hecho, como viajar en un transbordador espacial con Mark. Aparentemente también soy un cantante muy bueno. Tengo un automóvil muy, muy bueno. Vivo en una casa muy, muy agradable en las afueras de Tucson, en Nueva York o en Washington, y tengo mucho dinero. No duermo. (Eso sí era en gran parte cierto.)

Recibo cartas de mujeres mayores que son abuelas y me dicen: "Oye, tú serías perfecto para mi...", e insertaban el nombre de una nieta o de un nieto. Ha habido gente que me ha ofrecido presentarme a alguien. No es algo que me interese; no tengo tiempo ni para mí mismo.

La gente me manda regalos, principalmente tarjetas y cartas dándome el pésame o felicitándome. Me han regalado algunas cosas interesantes, con ninguna de las cuales me he quedado. O las devuelvo o las llevo a la oficina de Gabby. La oficina las maneja. No quiero que piensen que me aprovecho de lo que pasó y acepto bebidas gratis, cenas gratis, postres gratis.

En aquellos primeros días y semanas después del tiroteo no recibía noticias nuevas sobre el estado de Gabby, excepto lo que su oficina entregaba para incluir en comunicados de prensa. En la ceremonia del memorial en la Universidad de Arizona el 12 de enero, el presidente Obama nos había dicho que Gabby había abierto los ojos por primera vez después de su visita al hospital. Había sobrevivido milagrosamente al disparo y a la cirugía del cerebro. Yo sabía que Gabby lo lograría, pero durante su recuperación nadie sabía lo que había por delante.

Luego supe que después de la cirugía estuvo entubada por una traqueotomía. Pero el 19 de enero emergió de un coma inducido médicamente y fue desconectada del respirador artificial.

Después de cada anuncio de su progreso, la prensa me invadía solicitando mi reacción. Cuando los reporteros me preguntaban lo que yo pensaba de su recuperación y su futuro político, respondía: "Mi mayor interés es ella como persona".

Todavía llevaba la Virgen María de plata que su madre me había dado y todos comenzamos a usar pulseras de goma color turquesa con las palabras "Paz. Amor. Gabby". Turquesa es su color favorito. Las pulseras se pusieron a la venta en febrero de 2011 por un dólar cada una. El producto de su venta se destina a la Beca Memorial Gabe Zimmerman para una Maestría de Trabajo Social de la Universidad Estatal de Arizona. Compré veinticinco pulseras. Regalé algunas. Siempre se me rompen y entonces me pongo otra. Usé una pulsera durante toda la primavera y verano y cuando hacía campaña de puerta en puerta se me hizo una marca del sol en la muñeca.

Traté de continuar con mi vida normal, pero la tragedia siguió conmigo. Los recuerdos son algo con lo que tendré que vivir por mucho tiempo.

A veces la gente tiene agendas. Recuerdo un incidente en que un reportero se me pegó como una sombra en todo lo que hacía. Rechacé sus solicitudes de entrevista porque no quería que mi vida ya abierta se hiciera más pública todavía y perdiera la poca privacidad que me quedaba. Tal parecía que este reportero pretendía describirme como un activista latino extremista, lo cual por supuesto no es el caso. Entrevistaba a personas con preguntas cargadas y mi impresión era que cuando no recibía lo que buscaba lo cambiaba para que se interpretara como que "Daniel Hernández es un activista radical de LGBT", lo cual tampoco es el caso. Una de las razones por las que he tenido éxito en la política es la manera mesurada y cuidadosa en la que me expreso. Aunque entiendo la necesidad para el extremismo, siempre he sido y soy un moderado.

El reportero andaba frustrado por no poder hacerme más sensacionalista y trató un nuevo ángulo. "Daniel Hernández está deprimido". Entrevistó a mi familia y el título que le dio al artículo fue: EL PASANTE DE GIFFORDS LUCHA POR LIDIAR CON LA TRAGEDIA DE ARIZONA. Se publicó en la primera plana del periódico y me molestó. El reportero había hecho preguntas cargadas que llevaron a mis padres y hermanas a decir lo que él quería poner en el artículo. Le dijo a mi hermana Consuelo: "Daniel debe de haber cambiado emocionalmente por el tiroteo".

Y la citó diciendo: "Él siempre me preocupa. Psicológicamente sé que ha cambiado. Ese tipo de cosas nunca se olvidan".

El reportero escribió: "La típica manera abierta y directa de Hernández se ha convertido en un distanciamiento emocional de aquellos más cercanos a él, según su familia y amigos. A sus amigos y familiares les preocupa... que Hernández se esconde de las emociones que ha mantenido embotelladas desde que el agresor disparó contra 19 personas, seis de las cuales murieron el 8 de enero frente a un mercado Safeway".

También entrevistó a mis amigos David y Elma. David dijo que yo no le hablaba del tiroteo. Elma habló de mí diciendo: "Está lidiando bien, pero me preocupo mucho por él".

Me sentí violado. Me disgustaba mucho haber hecho posible que alguien hablara con mis padres, mis hermanas y mis amigos. Kelly me había presionado para hacerlo. Aceptábamos todas las entrevistas, pero esta fue una que lamentamos. Sabía que llegaría el momento en que la prensa se volvería contra mí. Sin embargo, había tenido la esperanza de que el cambio obedecería a algo que yo hubiera hecho realmente, no algo que ellos habrían querido que yo hubiera hecho.

Me reuní muy brevemente con una consejera para lidiar con mi dolor por el duelo. Al día siguiente del tiroteo, la jefa de oficina de Gabby nos escribió a todos diciendo que nos visitaría una consejera especializada en duelos para aquellos que quisieran contar con ayuda adicional para sobreponernos a la tragedia. También nos dijo que habría sesiones para lidiar con el estrés y sesiones especiales para todo el personal durante aquella primera semana en Tucson.

Me reuní con esta consejera en múltiples ocasiones, pero estuvimos de acuerdo en que yo no tenía necesidad de continuarlas. No había nada diferente que ella pudiera decirme y yo había lidiado bien con todo el asunto. Habiendo tenido que hablar sobre el tema con la frecuencia que lo hice públicamente me había permitido procesar y manejar la tragedia.

Los sobrevivientes nos acercamos mucho unos a otros. Los lazos son muy fuertes. No tengo pesadillas. No tengo retrospecciones traumáticas como las que tienen algunos de los otros. Pero cuando hablo sobre el tema, sí recuerdo los disparos.

Daniel y sus padres (sentados) en un evento de la Coalición de los Medios Hispanos en Estados Unidos, en el que Daniel recibió honores. De pie, de izquierda a derecha, Zoë Saldaña, Daniel, Vikki Carr, Lupita Quiñones y Danny Trejo

Capítulo veinticuatro
La lista de mi madre

Comenzando a fines de enero recibí muchas invitaciones de grupos de todo el país para aceptar premios y pronunciar discursos. Al principio me sorprendí. No esperaba nada de eso. Descubrí que disfrutaba más pronunciando discursos motivacionales que las entrevistas; me ayudaban a sentir que al compartir mi historia devolvía algo a manera de aporte.

Kelly recibía las solicitudes y le pidió a su amiga y colega Carole Pearsall, una activista demócrata, que la ayudara a coordinar las fechas de mis discursos. Yo leía personalmente cada invitación y revisaba mi calendario. Si tenía actividades programadas en la universidad para mi campaña para presidente del estudiantado de la Universidad de Arizona, entonces me quedaba y no viajaba.

Dividía mi tiempo entre la campaña y la pasantía en la oficina de Gabby. La pasantía resolvía mis créditos universitarios. Trabajaba alrededor de seis horas dos veces por semana en lo que hiciera falta en casos de electores: hacer llamadas telefónicas, escribir cartas, preparar documentos. El personal de Gabby había abierto la oficina dos días después del tiroteo y quería continuar su trabajo, estando allí para atender a los electores. Llegaban cientos de nuevos casos, incluyendo temas de préstamos estudiantiles.

El 21 de enero Gabby salió del Centro Médico Universitario en Tucson y fue trasladada por avión a Houston para comenzar un programa de rehabilitación cerca de su esposo, Mark, quien se estaba preparando para comandar la misión final del transbordador espacial *Endeavour*. Yo me preparaba para viajar a Washington, DC, para asistir al discurso del presidente sobre el Estado de la Unión.

Mi próximo viaje a Washington se produjo poco tiempo después. La Liga de Ciudadanos Latinoamericanos Unidos (LULAC por sus siglas en inglés) me invitó a su gala anual en Washington, DC. Traje conmigo a mi mamá, que nunca había estado en Washington.

En el evento de LULAC recibí la Mención Presidencial, una medalla en una cinta. Tuvo un significado especial para mí porque mi mamá estaba allí. Cuando regresamos a casa, ella colocó la medalla en un gabinete con puerta de cristal cerca de la televisión en la sala. A partir de ese momento comenzó a coleccionar mis premios. (La lista de mi mamá aparece al final del libro.)

Daniel en la gala de la Liga de Ciudadanos Latinoamericanos Unidos

Otro honor que significó mucho para mí fue el Premio Teodoro Roosevelt por Servicio Público Destacado. Este me lo entregó la Oficina de Personal de Administración de Estados Unidos (OPM por sus siglas en inglés) en Washington, DC. En el evento hablé acerca de la juventud. Hablé sobre temas de diversidad y cómo resolverlos ahora para que cuando nuestros jóvenes crecieran, pudieran asumir tareas de liderazgo, fuesen afroamericanos o LGBT.

El director de OPM John Berry me entregó un pequeño

busto de Teodoro Roosevelt montado en metal. Esto fue un verdadero honor para mí.

La revista *Out* me escogió como uno de los "hombres y mujeres que hicieron que 2011 fuera un año memorable". Un artículo sobre cada uno de nosotros ocupó una página de la revista.

Me enviaron por avión a Los Ángeles para fotografiarme. No era la primera vez que yo había sido fotografiado para una revista. Me habían entrevistado para la revista *GQ* inmediatamente después del tiroteo y el artículo se había publicado con una foto mía que me había hecho lucir especialmente bien parecido y bien vestido. Esto me causó gracia porque no soy el tipo de persona que se preocupa mucho por su apariencia.

Para la edición de la revista *Out* las fotografías estaban basadas en famosos retratos del siglo veinte. Me tomaron una foto imitando la pose de Richard Nixon que apareció en la portada de la revista *Esquire* en mayo de 1968, cuando aspiraba a la presidencia. Al igual que Nixon, aparezco de perfil con los ojos cerrados mientras se veían las manos de estilistas poniéndome fijador en el pelo, empolvándome la cara y poniéndome pintura de labios.

En el pie de foto escribieron que yo era miembro activo en LGBT y en temas de educación, y que había estado creando conciencia y recaudando fondos para varias causas. Una ceremonia de premios patrocinada por Buick se iba a celebrar en

Nueva York. Me invitaron, pero tenía otro compromiso. Había prometido hacer algo por la familia del Juez Roll. Él había sido uno de los muertos el 8 de enero y la esposa de su hijo me había invitado a hablar en un evento en la escuela donde ella es maestra. Yo aprovechaba toda la atención que recibía para llegarles a los jóvenes y producir cambios positivos.

Capítulo veinticinco
El equipo rojo

Debido a lo que ocurrió el 8 de enero y por haber estado yo expuesto a la prensa, mi nombre se hizo conocido y obtuve mucha buena voluntad. Esto me ayudó en mi campaña para convertirme en el presidente del estudiantado de la Asociación de Estudiantes de la Universidad de Arizona. Mis amigos Erik, Chandni, Monica y Brittany trabajaron conmigo en el Equipo Rojo. Mis hermanas, Alma y Consuelo, también ayudaron. Consuelo cursaba estudios pre-médicos en la Universidad de Arizona. Todos usábamos camisetas rojas con la frase "Vote por el Equipo Rojo: Hernández para presidente" impresa en negro. Además de dirigir la campaña de Steve para representante estatal, había dirigido también la campaña de Emily Fritze para presidenta del estudiantado y había sido elegida. Como presidenta saliente estaba a cargo de la elección en la que tenía que ser imparcial y no podía apoyarme a mí ni a ningún otro candidato. Pero me apoyó como amiga y ocasionalmente me aconsejó.

Nuestra mayor tarea era reclutar voluntarios. Teníamos que reunir un número suficiente de firmas de estudiantes para que mi nombre apareciera en la boleta: cuatrocientos nombres para febrero. Reduje mis viajes para poder trabajar con mi equipo. No podíamos hacer campaña hasta después de la primaria.

Había tres candidatos en la primaria. Los dos primeros participarían en la elección general. Mi opositor más fuerte era un joven que era jefe de despacho de Emily. Pertenecía a una fraternidad y contaba con el apoyo de un bloque de votantes que eran miembros de fraternidades griegas. Esta membresía funcionaba automáticamente para ellos mientras nosotros teníamos que reclutar voluntarios. Íbamos de puerta en puerta, enviábamos correos electrónicos y textos y hacíamos llamadas telefónicas.

Llegué a la primaria y entonces comenzó la verdadera campaña. El Equipo Rojo tuvo que hacerlo todo otra vez: ir de puerta en puerta, enviar correos electrónicos, hacer llamadas telefónicas y repartir folletos. Yo iba a eventos en la universidad tales como reuniones de clubes (había como quinientos clubes), me presentaba y hablaba acerca de mi trabajo en defensa de los estudiantes y mis esfuerzos por evitar recortes en el presupuesto. El costo de matrícula iba a subir y era importante trabajar con la Legislatura estatal para resolver las cosas.

Participé en un debate y argumenté cómo ayudaríamos a reducir los costos de la universidad. De cierto modo la lucha se definía entre "chicos de fraternidad y estudiantes". Pero visité las fraternidades griegas y en ocasiones convencí a los chicos de que votaran por mí. Mi opositor me acusó de ser un flagrante oportunista, anti-griego y una sarta de otras cosas, ninguna de las cuales era cierta. Decía que yo era arrogante y que no me importaban los estudiantes. Lo dejé que continuara haciendo lo que estaba haciendo y rehusé bajar a su nivel.

Entretanto, como resultado del 8 de enero, continué recibiendo invitaciones a eventos y ceremonias de premios, aunque no acepté ir a muchas. Mi primera prioridad era la campaña y mi pasantía en la oficina de Gabby.

La elección del estudiantado tuvo lugar del 7 al 9 de marzo y los estudiantes votaron por internet. Descubrimos que mi opositor tenía personas que presionaban a los votantes parándose detrás de sus computadoras y diciéndoles cómo votar. La noche de la elección nos reunimos en la federación estudiantil a esperar los resultados. En una foto publicada en el *Arizona Republic* aparezco yo abrazando a dos de mis compañeras de equipo, Monica y Brittany. Les pedí a mis padres que no vinieran esa noche, pero Alma y Consuelo los trajeron de todas maneras. Kelly y Steve también estaban allí. Mucha gente pensó que yo ganaría automáticamente.

Daniel con el Equipo Rojo en la noche de las elecciones de ASUA

Finalmente Emily se puso en pie para anunciar los resultados. Tanto mi opositor como yo habíamos sido descalificados. Ninguno de los dos había ganado. Se nos acusó de violar los códigos electorales sobrepasando el máximo de diez violaciones.

Por un momento me quedé anonadado, pero traté de mantenerme firme. Kelly luego dijo que por primera vez me había visto confundido. Se sintió mal por mí.

Escuchamos las acusaciones al día siguiente. A mí se me acusaba de cometer infracciones, tales como repartir 150 camisetas con el letrero de VOTE POR EL EQUIPO ROJO en el Mall y por tanto responsabilizándome de que un estudiante había sido visto usando la camiseta en la oficina de la Asociación de Estudiantes de la Universidad de Arizona, la cual era imparcial y estaba fuera de límites para hacer campaña. Según las acusaciones, yo debía haberle advertido a esa persona cuáles eran las reglas.

Otra queja contra mí fue que mi equipo y yo habíamos dejado a propósito volantes de campaña en las mesas de los cuartos de estudio en el Centro de Aprendizaje Integrado de la Biblioteca Principal de la universidad y que habíamos colocado afiches en "próxima cercanía" de los laboratorios de computadoras de la universidad, que era un área fuera de límites porque representaban sitios de encuestas. La investigación demoró cuarenta y ocho horas. Mi opositor utilizó tácticas cuestionables en su campaña. Emily lo sabía y estaba muy disgustada. Yo había hecho una campaña honesta. No había violado las reglas intencionalmente. Había dependido de voluntarios a quienes se les habían explicado las reglas pero que se habían equivocado al colocar los afiches. Yo estaba resuelto a luchar.

Ambos tuvimos que comparecer ante la corte suprema estudiantil para que se nos retiraran las acusaciones. La audiencia que tuvo lugar el 29 de marzo contó con una amplia asistencia. Yo me representé a mí mismo y argumenté mi caso. Mi opositor contrató a un abogado profesional.

Después de una cuidadosa revisión de la evidencia, el comisionado electoral escribió: "He considerado que las acciones del señor Hernández no han obrado severamente en detrimento del proceso electoral". Sin embargo, el comisionado dictaminó que las acciones de mi opositor habían obrado "severamente en detrimento del proceso electoral". Como resultado, dijo, la elección ha sido dañada y "la única solución justa de este proceso es celebrar una elección especial".

De modo que se convocó a una elección especial para varias semanas después. A mi opositor se le permitió postularse por haber recibido la mayoría de los votos en la primera elección general. Tres nuevos candidatos se sumaron a la boleta.

Recomencé todo desde el punto cero, visitando a los clubes otra vez, explicando lo que había ocurrido y hablándoles a los estudiantes sobre la elección especial. Pero mi opositor volvió a utilizar tácticas cuestionables. Sin embargo, de la forma que estaba escrito el código electoral, la suma de sus faltas no llegó a justificar su descalificación. No era mucho lo que nosotros podíamos hacer. El 22 de abril él ganó la elección y fue presentado como el nuevo presidente de la Asociación de Estudiantes de la Universidad de Arizona.

Me sentí enojado y decepcionado por la manera en que se había producido todo. Pero no valía la pena hacer reclamación alguna.

Kelly y Steve me dijeron: "Esta ya no es tu plataforma. Tu vida ha cambiado".

Tenía cosas mucho más importantes que podía hacer a nivel estatal y nacional.

Capítulo veintiséis
Hablándole a la juventud

Inmediatamente después de la elección especial para la presidencia del estudiantado de la Asociación de Estudiantes de la Universidad de Arizona, continué con mis actividades escolares. Me sentí intensamente motivado a hablarles a los jóvenes. Acepté cientos de invitaciones a hablar en graduaciones, pronunciar discursos y charlas informales en Arizona y en otras partes del país. No recibí pago alguno en el 95 por ciento de estas comparecencias. Usualmente los que me invitaban y las organizaciones sin fines de lucro me pagaban los gastos de viaje, pero si viajaba en mi automóvil a ciertos lugares distantes en Arizona, como Douglas, yo pagaba mi propia gasolina.

A veces me asignaban temas o tópicos específicos, o se me pedía que motivase a los muchachos para un examen próximo o un nuevo desafío. Hablaba sobre lo que me pedían que hablara. Si les hablo a estudiantes de más edad, los animo a que se inscriban para votar. Variaban los temas. No me preparo; simplemente hablo.

A menudo hablo sobre la diversidad, lo que significa vivir en el suroeste del país. Tucson es una ciudad diversa con personas de todas partes del mundo. Tenemos refugiados de Corea, África, Cambodia, Laos y Sudán. Vemos cómo personas de tantas culturas diferentes son capaces de trabajar juntas.

Les he hablado a diferentes grupos, usualmente en las edades de catorce a veinte, sobre la educación, cómo aprovechar cada oportunidad y utilizar su tiempo de la manera más efectiva posible y estar dispuesto a trabajar duro. Hablo también sobre involucrarse en asuntos relacionados con el gobierno estudiantil, la política o la iglesia. La gente luego se me acerca y me hace preguntas acerca de las cosas que he hecho y cómo pueden ellos involucrarse en causas que les interesan. A veces me piden consejos acerca de cosas en las que están trabajando.

En abril, hablé en una feria de carreras profesionales en la Escuela Secundaria Imán de Tucson sobre el valor de la educación superior y la importancia del servicio público y cómo devolver a la comunidad parte de lo mucho que recibimos. Regresé a esa escuela como orador principal cuando celebraron un día de carreras para ser los primeros en responder. Las personas a las que llaman "primeros en responder" manejan situaciones de emergencia médica. Alrededor de quinientos estudiantes de escuelas secundarias y graduados asistieron a este evento, el cual les dio la oportunidad de informarse sobre los programas de entrenamiento y el proceso de certificación.

En la Escuela Secundaria Douglas, en Douglas, Arizona, cerca de la frontera con México, les hablé a los alumnos y les dije que podían representar una diferencia. "Mientras más jóvenes sean ustedes, más poder efectivo tendrán porque van a estar presentes más tiempo", dije. Les hablé sobre mi interés en la política y cómo había trabajado con Gabby y antes con Hillary Clinton en su campaña presidencial de 2008. Les dije que yo pensaba que las mujeres tenían capacidad para escuchar y lograr acuerdos.

"Gobernar tiene mucho que ver con transigir; nadie nunca recibe exactamente todo lo que quiere. Pero pienso que los hombres tienen menos disposición a encontrar soluciones porque les preocupa más tener siempre la razón que estar dispuestos a resolver los problemas".

A los muchachos puede haberles sorprendido mi actitud. Pero Gabby siempre había creído que si hubiera más mujeres en el gobierno, sería más fácil ponerse de acuerdo en los temas.

Con frecuencia ella había visitado partes de la frontera entre Estados Unidos y México en su distrito y le preocupaba la manera de arreglar el sistema de inmigración. "Tenemos dos problemas fronterizos", decía, "el de la seguridad y el de reformar nuestras dañadas leyes de inmigración... Podemos y debemos resolver ambos problemas".

Gabby y yo habíamos hablado privadamente sobre estos

temas, pero yo nunca les hablé a estudiantes sobre inmigración. Mis mensajes se concentraban en la educación y el servicio público.

Mi familia a menudo viajaba a Nogales, en Sonora. Usualmente era un viaje fácil y sin problemas. Pero yo sé de otras personas que han tenido problemas. Ciudadanos estadounidenses que no hablan inglés o no lo hablan bien y se les discrimina. Esto ocurre mayormente en personas de más edad, a pesar de haber nacido aquí. Los más jóvenes generalmente aprenden bien el inglés. Oficiales de la patrulla fronteriza les hicieron preguntas relacionadas con su entrada al país a amigos de mi familia y miembros de la familia que no eran ciudadanos.

Yo sólo tuve una mala experiencia cruzando la frontera. Cuando tenía como diez u once años hicimos un viaje a Nogales (México), para asistir a la boda de uno de los hijos de una amiga de mi madre. El viaje entero estuvo completamente cargado de inconveniencias. La policía mexicana nos amenazó de colocar drogas en nuestro automóvil si no les dábamos dinero y mi padre tuvo que hacerlo. Me incomodó mucho la corrupción de la policía. Siempre he tenido problemas con la corrupción a todos los niveles, fuese local, federal o estatal. La corrupción siempre es igual.

Cuando les hablo a los jóvenes, usualmente quieren que les hable del 8 de enero y lo que ocurrió. "Diez minutos después de empezar el evento, alguien vino con una pistola y comenzó a disparar", les digo. Cuando cuento lo que hice por Gabby, les aclaro: "Recibí un poco de entrenamiento, aunque no mucho".

Me reúno con muchos chicos latinos. La mayoría dice que no tienen una figura modelo que les sirva de inspiración. Trato de responder aunque raramente tengo tiempo para interactuar tanto como quisiera.

Los jóvenes siempre hacen las mismas preguntas.

—Quién es la persona favorita que usted ha conocido hasta ahora?

—¿Qué se siente cuando uno conoce al presidente?

—¿Qué se siente cuando uno se sienta *al lado* del presidente?

Y siempre doy la misma respuesta. "Es algo muy surrealista".

Entonces hacen preguntas sobre el tiroteo. "¿Se asustó mucho la gente?". "¿Vio usted al que disparaba?". "¿Por qué usted no salió corriendo?".

Y yo les digo: "Es que estoy entrenado y quería ayudar a los que habían sido heridos".

Entonces a menudo me preguntan: "Y por qué usted no se ha casado? ¿Tiene hijos?".

Nunca me imaginé con hijos. Creo que habría sido un padre horrible. Mis expectativas habrían sido demasiado altas. Y nunca estaría en casa.

La mayoría de los chicos en el público no saben mi edad. Usualmente les digo mi edad y entonces se retiran un poco porque soy mucho más joven de lo que ellos pensaban.

A veces me preguntan sobre mi vida privada, pero yo soy muy cuidadoso con las cosas que digo. Soy cuidadoso en cuanto a conocer al público que está escuchando, como cuando estuve en Douglas. Allí hay una población latina grande y muchas personas inscritas como demócratas viven allí. Era un público muy distinto al de Tombstone, Arizona. Tombstone tiene un 15 por ciento de demócratas inscritos; el resto son republicanos con una gran cantidad de familias militares.

No recibo críticas humillantes, pero sí me hacen preguntas muy desagradables. Es frecuente que un adolescente que piensa que sabe más que yo trate de sacarme de paso haciéndome preguntas inapropiadas o completamente irrelevantes. Pero soy bueno en esto y usualmente regreso a lo que estaba hablando, de manera que no importa lo que digan, me aseguro de mantener mi compostura y no apartarme del tema.

Esto ocurrió en Douglas. El público de la escuela secundaria no tenía mucho interés en participar. Hubo que persuadir un poco a los chicos para sacarlos de su silencio. De modo que les pregunté: "¿Cuáles son las situaciones más importantes que ustedes enfrentan aquí en Douglas?".

Un joven se puso de pie. Parecía estar disgustado y comenzó a hablar de los fascistas y los racistas tratando de sacarme de paso en un momento en que estábamos tratando de sostener una conversación productiva. Pude identificarme con lo que él estaba diciendo, aunque articulándolo en una forma menos inflamatoria que él. Luego el director de la escuela me contó que el chico era un estudiante problemático y que con frecuencia tenía ese tipo de conducta.

Los chicos no hablan de temas personales en un grupo grande, pero después hablan privadamente sobre sus problemas. En la escuela intermedia se quejan de sus maestros, pero en la escuela secundaria hacen preguntas acerca de los programas que han sido eliminados.

En Camp Pride en Nashville (Tennessee), recibí un premio honorario de Liderazgo Nacional en Voz y Acción. Este reconocimiento significó mucho para mí porque tenía que ver con el tema de abogar por la justicia social y la diversidad en la educación. El programa reunió a sesenta personas LGBT de todo el país durante cinco días de desarrollo de liderazgo estudiantil. Shane L. Windmeyer, fundador y director ejecutivo de Campus Pride, ha publicado libros sobre los temas de los gays en la universidad. Dijo que mi servicio en la comisión de Tucson sobre la comunidad LGBT y que mi trabajo con Gabby habían inspirado a estudiantes jóvenes en todo el país. Me elogió por "hacer lo correcto y lo justo y por mantenerme visible".

"En un momento en que la prensa publica titulares acerca de suicidios entre la comunidad de LGBT", dijo Shane, "es aún más importante proyectar luz sobre líderes jóvenes como Daniel para que nos dé esperanza e inspiración". Esto me hizo sentir muy bien.

En mayo fui honrado particularmente para hablar en ceremonias de graduación en la Escuela Secundaria de Sunnyside
—donde yo había estudiado—, en la Escuela Secundaria de
Desert View y en el Centro Académico S.T.A.R., que era parte
también del distrito escolar de Sunnyside. Fue una gran oportunidad para estimular a los chicos en un vecindario que todavía es mayormente latino para que continuaran sus estudios
en la universidad y obtuvieran una educación superior. "Todos
tenemos el poder de hacer que las cosas ocurran; todos tenemos
la oportunidad de cambiar las cosas", dije. "Lo importante es lo
que decidamos hacer con esas oportunidades".

La gente empezó a decirme que me postulara para la Junta
Escolar del Distrito de Sunnyside debido a mi labor a favor de
la educación. Lo cual tenía sentido porque Sunnyside era mi
distrito. En junio, decidí hacerlo.

Capítulo veintisiete
La junta escolar

Decidí postularme para la junta escolar en el último minuto, dos *días* antes de que las firmas tuvieran que recogerse para que mi nombre apareciera en la boleta. Tengo una manera extraña de funcionar. Soy un gran procrastinador. Hago mi mejor trabajo bajo presión. Puede que no sea la mejor manera para los demás, pero funciona para mí.

He vivido en el distrito escolar de Sunnyside toda mi vida, al punto que conozco los desafíos que enfrentan las escuelas. El distrito es 80 por ciento latino. La demografía ha sido siempre la misma. Sabía la importancia que tenía hablar sobre las necesidades que nunca se resuelven de los estudiantes y las familias. Especialmente por ser más joven tengo la oportunidad de ver y experimentar cosas que las personas que han estado en la junta veinte años no tienen oportunidad de ver. Así que cuando fui reclutado para aspirar a la junta escolar pensé que era una buena oportunidad para ofrecer mi voz a aquellos a quienes casi nunca se les presta atención. Ya yo había trabajado en temas de educación. Ahora el asunto era hacer una transición de educación superior a la educación de kindergarten al duodécimo grado.

El distrito está plagado de problemas. Sólo el 60 por ciento de los alumnos se gradúa. El resto todavía vive en el barrio. Simplemente no reciben educación alguna y es ahí donde radica el problema. No pasan de grado o prefieren no pasar. Simplemente dejan de asistir a la escuela y entran en un mundo de drogas, violencia, robos y crimen en general. Me interesaba mejorar nuestro programa de continuidad para que los que abandonen los estudios puedan regresar a la escuela. Si son menores de veintiuno, tienen derecho a recibir educación pública. La meta era encontrar a los que habían abandonado los estudios a la edad de dieciséis o diecisiete y que ahora tenían dieciocho o diecinueve y convencerlos de que regresaran a terminar sus estudios. Así era cuando yo era estudiante. Quería involucrarme para arreglar las cosas. Quería que las cosas mejoraran para mis hermanas y sus hijos en el futuro.

Ese verano comencé a prepararme para la elección de la junta escolar. Estaba tomando dos clases para cada segmento de la sesión de verano en la Universidad de Arizona. Renuncié a mi posición de comisionado de LGBT porque no quería tener demasiadas cosas entre manos y necesitaba concentrarme en que me eligieran y después asegurarme de que tendría tiempo para cumplir.

En mayo terminé mi pasantía en la oficina de Gabby. Pero me mantuve en contacto y veía a personas de su equipo en diferentes eventos. Supe por comunicados de prensa que Gabby mejoraba lentamente en el hospital de rehabilitación en Houston. Los periódicos reportaban que los médicos decían que su progreso era "sorprendente" y "casi milagroso". Hablaba un poquito y podía hilvanar algunas palabras y frases. En mayo hablé con ella por teléfono por primera vez desde la tragedia. Nuestra conversación duró menos de un minuto, pero oí su voz y ella oyó la mía.

A finales de abril, le habían permitido viajar por avión a Florida para el lanzamiento del transbordador espacial *Endeavour*, comandado por su esposo Mark. Sin embargo, la misión fue cancelada debido a un problema eléctrico. Y cuando Gabby y Mark regresaron a Houston salieron a comer en un restaurante el Día de las Madres. La salida fue una noticia grande en televisión. Cada vez que ocurría algo relacionado con Gabby la prensa me llamaba para obtener mis reacciones. Para junio ya sumaban quinientas las entrevistas de prensa que había tenido en inglés y español con medios locales, estatales, nacionales e internacionales.

Los reporteros y los periodistas que me entrevistaban me pedían mi opinión sobre el proceso judicial del acusado Jared Loughner.

El 9 de marzo Loughner compareció ante una corte federal en Tucson. Lo habían acusado formalmente de cuarenta y nueve cargos de asesinato e intento de asesinato. Yo era la "víctima número treinta y tres", una de las personas que él había puesto en peligro mientras ejercían el derecho fundamental de reunirse libremente, abiertamente y pacíficamente con su representante ante el Congreso. No asistí a la audiencia, aunque a veces voy a algunas audiencias con otras personas que estuvieron en el tiroteo del 8 de enero. Nos habíamos acercado unos a otros y habíamos formado un grupo muy estrecho que se mantenía al tanto de lo que hacían los demás mediante llamadas telefónicas y correos electrónicos. Esos lazos permanecerán fuertes mientras cada uno de nosotros esté vivo. Soy el más joven del grupo por un gran margen. La única persona que se acerca un poco a mi edad es una pasante que salió corriendo esa mañana.

El 25 de mayo el juez declaró a Loughner mentalmente incapacitado para comparecer a juicio. Estaba siendo evaluado mentalmente en un hospital para prisioneros federales en Missouri. El 28 de septiembre se tomó la decisión de administrarle medicamentos a la fuerza durante tres meses para ver si se producía un cambio emocional para finales de 2011.

Cuando me pidieron que comentara, dije: "No soy abogado. No soy juez. No me toca a mí determinar cómo castigarlo".

Sólo expresé la esperanza de que pudiéramos aprovechar lo bueno que pudiera surgir de esta tragedia.

Capítulo veintiocho
Vote por Daniel Hernández

Cuando me postulé para la junta escolar de Sunnyside toda mi familia se entusiasmó. Nombré a mi hermana Alma directora de mi campaña. Ella dice que al principio tenía miedo. Pero yo quería que adquiriera experiencia y darle a la vez la oportunidad de que se desarrollara en trabajo de equipo. Pensé que se beneficiaría porque estábamos ya en camino de la elección de 2012. Alma tenía dieciocho años y le interesaba la política. Todavía tenía mucho que aprender y aún no estaba lista para hacer el trabajo al nivel que yo quería. En realidad tuve yo mismo que dirigir la campaña.

Nuestra campaña no tenía sede. Simplemente trabajábamos donde nos resultaba conveniente en el momento: en mi casa, en el apartamento de ella (que compartía con compañeras de casa), a veces en una cafetería, en mi automóvil. En cualquier parte.

Ella y yo íbamos de puerta en puerta en el Distrito de Sunnyside. También teníamos voluntarios. Alma es buena reclutando voluntarios, lo cual es importante en una elección local pequeña. Ella decía: "Trato de convencer a los estudiantes de que tienen que participar más. El mayor desafío es motivar a la gente".

La gente venía a decirnos que estaban interesados en ayudar. Un grupo de mis antiguos maestros caminaron de puerta en puerta e hicieron varias llamadas telefónicas en mi nombre. Participé en la mayor parte de las caminatas, tocando a las puertas y hablando con la gente que vivía en el distrito. La tarea de Alma incluía responder correos electrónicos de personas que donaban dinero para la campaña (teníamos un límite de $430 por persona) y llamar a los votantes para pedirles su apoyo.

Hay alrededor de setenta y nueve mil personas en el Distrito de Sunnyside, incluyendo a mis padres. Contábamos con información que nos ayudaba a decidir cuáles casas visitar. Los votantes inscritos eran alrededor de treinta mil y sabíamos quiénes habían estado votando en elecciones locales. La gente que vota en elecciones locales está bastante conectada y sabe lo que está pasando, así que nos pusimos en contacto con ellos. No perdíamos tiempo. Éramos muy precisos en cuanto a las personas con quienes hablábamos y los argumentos que usábamos con ciertas personas.

Preparé una guía para la campaña. No tenía necesidad de

escribirla para mí mismo, pero sí para los demás. Incluía los puntos que esperaba lograr. La bravuconería de los abusadores no era una prioridad tan alta como que las clases de kindergarten se impartieran el día completo, un tema que era importante para la amplia mayoría de los votantes. Steve me tomó una foto (con camisa azul y corbata) y la imprimió en una hoja suelta de campaña que él mismo diseñó. Yo quería que la hoja fuera bilingüe, escrita en inglés en un lado y el reverso en español.

Volante para la campaña de Daniel para la junta escolar

Los puntos que destacamos eran los siguientes:

- Proteger el kindergarten de día completo para servir mejor a nuestros niños.
- Asociarnos con la comunidad de negocios local.
- Entrenar a estudiantes de último año de secundaria para que estén listos para la universidad e integrar la fuerza laboral.

Enviamos la hoja a seis mil hogares en el distrito. Decía: "Vote por Daniel Hernández. Mande por correos su boleta antes del primero de noviembre". Para esta elección la gente tenía que enviar sus boletas.

La junta tenía cinco miembros. Había dos vacantes. Una se llenaba por nombramiento y la otra por elección.

Pensé: *Si no estoy ahí para luchar por los niños y los maestros, ¿quién lo va a hacer?* Un ex oficial de la policía se había postulado contra mí y también un empleado disgustado del distrito.

Mis opositores empezaron a regar rumores acerca de mí y a atacar mi carácter. "¿Qué cualificaciones tiene?", decían. Pensaban que no sabía nada sobre educación. Decían que no me importaban los niños y que iba a utilizar esa posición como un escalón en mi carrera política. Me lanzaban insultos subrepticios diciendo que no era "suficiente hombre" para estar en la junta escolar del distrito.

Pero la gente se disgustaba y me apoyaba.

"¿Cómo se atreven a atacarlo?", decían. "Es una persona del más alto calibre moral".

Mis acciones hablaban por sí solas. Incluso durante mi experiencia como candidato a la presidencia del estudiantado de la Universidad de Arizona, la gente tenía la tendencia a defenderme cuando me atacaban. Soy como el teflón. Nada se me pega y todos los ataques me resbalan.

Durante la campaña no hice mención alguna de mi papel en el tiroteo del 8 de enero. En mi sitio Web decía solamente que había trabajado en la campaña de la congresista Giffords en 2008. Pero había un problema. Tener a alguien nuevo demasiado conocido conllevaba algunos elementos negativos. Cuando estaba haciendo campaña la gente me reconocía y decía: "Lo conozco a usted del tiroteo del 8 de enero, pero eso no lo capacita para ser miembro de la junta escolar".

Yo decía que había estado activo en la defensa de la educación durante mucho tiempo. Mi primera gran preocupación había siempre sido la educación superior, pero mi atención se había reorientado hacia la falta de fondos para la educación entre los grados de kindergarten y la escuela secundaria. Desde 2008, Arizona había recortado el gasto por estudiante en un 24 por ciento. Si me elegían para la junta escolar del Distrito Escolar Unificado de Sunnyside, mi más alta prioridad sería proteger el kindergarten de día completo.

Trabajé todo el verano en la campaña, visitando de puerta en puerta en medio del calor.

Separaba tiempo para aceptar invitaciones que me llegaban como resultado del papel que había desempeñado el 8 de enero.

Algunos de los eventos eran realmente divertidos, como hacer el primer lanzamiento en un juego de béisbol de los Padres de San Diego. Mis padres y mis hermanas fueron conmigo y nos sentamos en el palco del dueño del equipo. Lanzar una pelota de béisbol frente a una gran multitud es algo que no hago muy bien, pero al menos la lancé de aire sin que tocara el suelo. Bill Badger, que había derribado al que hizo los disparos el 8 de enero, y Pat Maisch, que le había arrebatado el cargador de municiones, también fueron invitados de honor en el juego.

El mismo día del juego de béisbol fui invitado a ser el gran mariscal en el Desfile de Orgullo Gay en San Diego. Me dijeron que podía traer a la familia, por lo que hice el viaje por automóvil. Desfilé en un convertible. Alma se sentó conmigo y tomó muchas fotos. Tuvimos la oportunidad de conocer a la actriz Meredith Baxter, que también desfiló como gran mariscal.

Pero en el otoño disminuí mis viajes. Necesitaba concentrarme en los estudios y la campaña. Estaba tomando seis asignaturas en la Universidad de Arizona, incluyendo matemáticas, que era obligatoria. Hacía seis años que había tomado mi última clase de matemáticas, y me resultaba difícil. Recibí una nota baja y tuve que repetir el examen final.

La campaña se hizo más intensa en los últimos días. Alma decía: "Cuando uno está en una campaña uno trabaja hasta el último minuto. Esos últimos dos o tres días son los más importantes". Nos frustrábamos el uno con el otro y reñíamos. Probablemente el asunto era que ella no hacía su trabajo como yo quería que lo hiciera. Yo tenía grandes expectativas y ella nunca sabía cómo yo quería que las cosas se hicieran. De la manera que Alma lo recuerda, probablemente yo le pedí que hiciera algo que ella no quería hacer.

Ella me dijo: "Renuncio".

Yo le dije: "Si te vas, no puedes regresar".

—No me importa —dijo ella y empezó a llorar.

Entonces ella llamaba a nuestra madre, que a su vez me llamaba a mí y arreglábamos el problema. Alma entonces me pedía regresar al trabajo. Yo le decía que necesitaba madurar, pero la volvía a contratar.

El día de la elección, martes 8 de noviembre de 2011, nuestra base de datos mostraba que había boletas que aún no se habían entregado. Alma y mis padres llamaron a la gente del distrito para recordarles que entregaran sus boletas o les ofrecían recogerlas en aquellos casos que no pudieran entregarlas. Eran más bien las personas mayores las que retenían sus boletas hasta el último minuto. Todos estábamos trabajando juntos, por lo que mi madre ni siquiera tuvo tiempo de hacer un pastel.

Esa noche fui a comerme una pizza con Kelly, Steve, GiGi, Amelia, y mis compañeros de casa, Kim y Ryan. Todavía no sabía si había ganado, pero tenía el presentimiento de que era posible porque había hecho más campaña que mis opositores.

Después de cenar fuimos adonde se congregaba el Partido Demócrata en el Lodge on the Desert. Mis hermanas y mis padres ya estaban allí. Alma había estado ocupada decorando el salón con globos. A alrededor de las siete aparecieron los resultados de la elección en una pantalla grande. Mi nombre fue uno de los últimos en aparecer. Había ganado con el 63 por ciento de los votos. Alma se sentía particularmente orgullosa y feliz porque había sido mi directora de campaña. "Fue divertido", dijo.

Hubo múltiples ceremonias de juramento para tomar posesión de mi cargo. La primera fue durante una reunión especial de la junta escolar el 8 de diciembre a las siete de la mañana, antes de que la junta iniciara su sesión ejecutiva. La próxima fue en un evento ceremonial la noche del martes 13 de diciembre en la sede del distrito, donde fui jurado a mi cargo por Magdalena Barajas, la secretaria de la junta de gobierno. Alcé la mano y juré apoyar "la Constitución de Estados Unidos y la Constitución y leyes del Estado de Arizona", así como "ejercer fielmente las tareas del cargo". Mis padres y hermanas estuvieron presentes, al igual que Steve y algunos de mis maestros de la Escuela Primaria Liberty. Inmediatamente después de la ceremonia asistí a una reunión.

Ahora era un representante electo en una junta no partidista y estaba muy consciente de mi posición. Mis estudiantes tienen necesidades muy diferentes de las de los demás. Muchos tienen un estatus socioeconómico bajo. Quería asegurarme de que recibieran el apoyo que necesitaban y mi intención era proveerles el mejor ambiente posible para que sus familiares encontraran trabajo.

Me preguntaba si Gabby se había enterado de mi triunfo. El 15 de noviembre la vi en televisión cuando Diane Sawyer la estaba entrevistando. Me alegré tanto de verla y oírla hablar. Era la primera vez que la veía desde el tiroteo. Su personalidad no había cambiado. Todavía tenía la misma gran sonrisa.

Durante la entrevista se mostraron fotos del día del tiroteo, incluyendo una en que yo iba caminando junto a la camilla de Gabby, tomándole la mano mientras la llevaban a toda prisa hacia la ambulancia. Diane Sawyer anunció la publicación de un tomo de memorias que Gabby y Mark habían escrito, titulado: *Gabby: Una historia de valentía y esperanza,* dedicado a la memoria de los seis que habían muerto ese día.

En diciembre, en un evento estatal del Partido Demócrata de Phoenix para recaudar fondos, me encontré con la amiga de Gabby, la congresista Debbie Wasserman Schultz. Se acercó a mí y hablamos privadamente. Me dijo que había almorzado con Gabby y le había contado de la elección de Greg Stanton a la alcaldía de Phoenix y sobre mi elección. Ambas estaban muy contentas. Yo también lo estaba.

Capítulo veintinueve

En el trabajo

Desde diciembre de 2011 hasta el día de Año Nuevo estuve más ocupado que nunca. Siempre estaba haciendo múltiples tareas, asistiendo a clases y a las reuniones de la junta escolar. Tenía que consultar mi iPad cada día para saber lo que tenía programado para ese día. Carole Pearsall, que llevaba la agenda de Kelly, me había preparado un plan de citas y entrevistas y las había colocado electrónicamente en mi pantalla. Siempre tenía que comer de prisa. No podía recordar la última vez que me había sentado a comer sin mi celular o mi iPad o alguna tarea que tenía que cumplir.

En el mes de enero mi prioridad era visitar oficialmente cada escuela en mi distrito y simplemente observar. A veces iba sin avisar. Visité la Escuela Primaria Liberty, la Escuela Intermedia Apollo, y la Escuela Secundaria de Sunnyside, en las que yo había estudiado, y ocasionalmente me detuve en mi antigua aula de primer grado para hablar con la señora Martínez, que había sido mi maestra.

Todavía estamos tratando de encontrar la manera más efectiva de enseñarles inglés a niños cuya primera lengua es el español. El estado ha hecho obligatorio separar áreas de enseñanza de inglés, lo cual aislaba a estos niños del resto de la población escolar.

La señora Martínez piensa que es problemático segregar a los niños tres o cuatro horas al día como dicta la ley estatal. "Los niños aprenden de otros niños", dice ella. Recientemente la Casa Blanca escogió a Sunnyside para hablarle a la comunidad latina sobre educación.

El distrito escolar de Sunnyside se reúne dos veces al mes, el segundo y cuarto martes a las seis y media de la tarde. Estamos encargados del currículum y de los presupuestos y de todo lo que tenga que ver con darle servicio a dieciocho mil alumnos y mil quinientos empleados. A menudo citamos a reuniones de emergencia y especiales sobre temas que han surgido el año anterior, como es el de el abuso de los bravucones.

Hemos tenido un aumento de violencia en una de las escuelas intermedias que es mayormente latina. La gente de la escuela vino a decirnos que nadie se sorprendería si hubiera un muerto en esa escuela a menos que resolviéramos el problema de la violencia. De modo que estamos buscando la manera de resolver ese problema sin excedernos en nuestra responsabilidad.

Hay distintos tipos de bravuconería y hay muchas razones diferentes para querer abusar de un compañero o compañera de escuela: por ser inteligente o gay, o "muy gay" o muy sexy, o muy gordo, o muy bajito, o muy alto. El verdadero problema es que los niños que abusan de otros más vulnerables se sienten inseguros, y en lugar de enfrentar el problema, arremeten contra otros.

Otro problema que tenemos es con niños que han empezado a producirse ellos mismos heridas con navajas como una forma de lidiar con situaciones dolorosas en su vida. Tenemos alumnos que han desarrollado bulimia. Otros hacen muchas cosas inapropiadas. Las cosas están empeorando en la escuela intermedia. Es hora de darles a los alumnos herramientas para expresar sus sentimientos sobre lo que está bien o mal. Estamos tratando de tener reuniones con padres y alumnos. Mi énfasis es tratar de crear conciencia sobre el problema del abuso de los bravucones. Es una de mis metas. Hay muchas cosas que quisiera lograr al mismo tiempo. Todavía estamos tratando de organizar cosas.

Parte de mi trabajo como miembro de la junta escolar es leer una enorme cantidad de material antes de las reuniones bimensuales. A veces los informes tienen seiscientas páginas. Trato de llevarme bien con los otros cuatro miembros, dos hombres y dos mujeres, todos mayores que yo. A la edad de veintidós años soy el más joven por amplio margen. Hay muchas personalidades diferentes en la junta y trato de escuchar todos los puntos de vista antes de tomar decisiones. Mi objetivo es crear consenso.

Mientras tanto, tenía lecturas asignadas para mis clases en la Universidad de Arizona a fin de terminar mi último año. Y más invitaciones a hacer discursos y eventos que Kelly había aceptado en mi nombre. Alrededor de aquella época la gente en Tucson había comenzado a usar pulseras blancas de goma con la inscripción, Recuerde el 8.1.11. Usábamos estas pulseras además de las de color turquesa.

Se acercaba el primer aniversario de la tragedia.

Capítulo treinta
El primer aniversario

El domingo 8 de enero de 2012 *NO* empezó como un día cualquiera. Esa mañana a las 10:10, la hora exacta en que un año antes se oyeron disparos y Gabby había sido herida, repicaron campanas en todo Tucson.

Supe que en el mercado Safeway donde había ocurrido el tiroteo la gente se había congregado con campanas de mano y las hacían sonar como una manera de recordar. Se había organizado un pequeño memorial en el sitio en que habían caído las víctimas. Una placa montada en una piedra decía: "En honor de las víctimas en el evento del 8 de enero de 2011. La tragedia de Tucson... nunca la olvidaremos". Una vez más la gente dejaba recuerdos: flores, velas, banderas de Estados Unidos, globos con palabras impresas que decían: "Pensando en ti", y periódicos del año anterior con los horribles titulares.

Esa tarde me sumé al grupo que se congregó en la Catedral de San Agustín para celebrar un servicio que reunía a personas de todas las religiones. Se leyeron uno a uno los nombres de las víctimas. Coloqué una rosa en un florero cerca del altar en memoria del Juez Rolls. Se organizaron servicios memoriales en todo Tucson.

A las tres de la tarde mis hermanas, Kelly y yo nos dirigimos al Salón del Centenario de la Universidad de Arizona para asistir a un programa titulado "Reflexiones". A mitad de camino nos interceptaron reporteros de televisión. Los camiones de satélites de NBC, News 4, Univisión y ABC se habían alineado en la hierba tal como lo habían hecho el día que el presidente habló en la ceremonia memorial después del tiroteo. Un reportero de CNN corría junto a mí mientras yo seguía caminando.

—¿Qué cambios ha habido en su vida este año que pasó? —me preguntó.

—Ahora no —le dije.

—Tenemos que transmitir en vivo a la hora en punto —dijo.

—Nos vemos luego —respondí por encima del hombro—. Lo siento.

—Podemos entrevistarlo a las 6:05 —gritó el reportero—. Puede ir y regresar.

Fue un raro recordatorio de lo que había sucedido un

año antes, cuando había sido abrumado por la prensa.

En el Salón del Centenario hablé en voz baja con el señor Green, padre de Christina-Taylor Green. Los voluntarios habían repartido más pulseras blancas que decían: RECUERDA EL 8.1.11. Encontramos dónde sentarnos en el auditorio en el momento en que comenzaba el programa.

El doctor Richard Carmona, residente de Tucson y ex secretario de salud de Estados Unidos, actuó de maestro de ceremonias. Comenzó pidiéndonos que hiciéramos una pausa para recordar a los diecinueve ciudadanos que habían sido atacados. Habló de las lecciones aprendidas de la tragedia y de las consecuencias positivas. Ron Barber había creado un Fondo para la civilidad, el respeto y la comprensión, y un grupo de donantes de la Universidad de Arizona había establecido un fondo de becas en el nombre de Christina-Taylor Green y en el mío para estudiantes interesados en el servicio público. Se hablaba del evento que había cambiado nuestras vidas en aquel "día siniestro y desafortunado, cuando en un acto sin sentido amigos habían sido eliminados". Pat Maisch habló en nombre de los sobrevivientes y heroicas personas sobre la valentía y la generosidad de ciudadanos comunes que habían sido los primeros en responder.

Después salí a toda prisa con Kelly y mis hermanas, pero un productor y un reportero de Univisión nos alcanzaron y nos pidieron una breve entrevista.

"Hoy ha sido un día difícil", dije con toda sinceridad.

"Hemos aprendido lecciones, creo yo, de heroicos ciudadanos que acudieron y le demostraron a la comunidad la verdadera fibra de que está hecho Tucson".

El reportero me preguntó por la congresista Giffords y le conté de su extraordinario progreso. Y otra vez me preguntaron acerca del entrenamiento de primeros auxilios que yo había recibido y que me había permitido ayudarla un año antes.

"Cuando estaba en la secundaria recibí un entrenamiento básico sobre el criterio a utilizar en la selección de víctimas de una catástrofe", dije. "Me permitió correr hacia la congresista Giffords. Yo sabía que mis técnicas le serían útiles".

—¿Y cuál es su próximo paso? —preguntó el reportero.

—Quiero terminar y graduarme de la universidad en mayo —dije—, y continuar trabajando en educación como miembro de la junta escolar. Quiero mejorar la educación en nuestra comunidad.

Nos estrechamos la mano, le di las gracias y seguimos caminando a toda prisa.

En la casa de Steve, mis padres habían comenzado a organizar un bufé informal para una recepción más tarde. Mi papá estaba cocinando pollos y perros calientes en la parrilla del patio y Alma estaba ayudando a mi mamá a colocar platos de cartón, fuentes de guacamole, rodajas, salsa y platos de tortillas y pancitos. Comimos algo rápido y fuimos en automóvil hacia la universidad para la vigilia con velas.

En la Universidad de Arizona nos sentamos en la primera

fila frente al escenario. El estadio estaba repleto con miles de personas. Cada uno de los asistentes recibió una varita luminosa y esperábamos el momento de prenderla.

Fue entonces que Gabby subió al escenario con su esposo Mark a su lado. El maestro de ceremonias, Ron Barber, dijo: "Bienvenida a casa, congresista". Todos gritamos de alegría y aplaudimos delirantemente. Nos pusimos de pie y Gabby nos dirigió a repetir juntos la Jura de la Bandera. Era la primera vez que la veía en persona desde el día del tiroteo. Había progresado mucho en su recuperación. Aunque parecía sufrir de una limitación en el movimiento de su brazo derecho, se veía radiante y sonriente. Yo tenía la esperanza de tener un momento privado con ella mientras ella estaba en Tucson.

El programa comenzó con música interpretada por la Orquesta Sinfónica de Tucson. Mientras tocaban el "Himno a los caídos", diecinueve velas se prendieron en honor de los que habían sido atacados. Gabby prendió una de ellas. Entonces abrimos nuestras varitas para que se prendieran también y comenzamos a agitarlas en señal de apoyo. Se pronunciaron muchos discursos en honor de las víctimas y los heridos y hubo expresiones de esperanza en el futuro. El doctor Carmona dedicó un aplauso a Tucson por haber sido víctima de esa terrible tragedia. Al final de la vigilia, cuando Gabby abandonaba el escenario, la multitud gritaba: "¡Te necesitamos, Gabby! ¡Te queremos!".

Me quedé un rato hablando con Gloria y Spencer, los padres

de Gabby, y con otros buenos amigos. Afuera del estadio los reporteros de televisión querían mis reacciones, pero les dije que no. "No puedo dar entrevistas".

De regreso a la casa de Steve serví de anfitrión en una reunión informal de personas que nos habíamos acercado mucho como resultado de la tragedia: el doctor Bowman y su esposa, los sobrevivientes, los primeros en responder y varios miembros de la comunidad.

Cuando me puse de pie para hablar, dije: "Hoy ha sido un día difícil para nuestra familia de amigos. Honestamente, quería darles las gracias por venir. Continuaremos viéndonos. Somos personas a quienes les gusta hablar y hablar todo el tiempo".

Dos días después tuve la oportunidad de ver a Gabby en su oficina antes de que se fuera de Tucson y regresara a su rehabilitación en Houston. Se reunió con varias personas individualmente y yo fui el último. Tuvimos unos minutos juntos en privado. Fue un día cargado de emociones, pero era importante concluir algo que había comenzado un año antes. El evento de "El Congreso en tu esquina" nos había vinculado a todos por el resto de nuestras vidas.

Todavía no me considero un héroe. No fui más que un pasante de veinte años que estaba en el lugar exacto en el momento preciso. Espero dedicarme a llegar a ser un verdadero héroe algún día, haciendo algo positivo como lo ha hecho Gabby, ayudando a los demás.

Daniel y Gabby se encuentran un año después del tiroteo

EPÍLOGO

EL 25 DE ENERO DE 2012 RESULTÓ SER UN DÍA AGRIDULCE. CUMPLÍ veintidós años y fue también el día en que Gabby renunció oficialmente. De congresista pasó a ser ex congresista. Vi la noticia en vivo por C-SPAN en mi casa. Vi a Gabby votar por última vez como miembro del Distrito 8 de Arizona ante el Congreso a favor de un proyecto de ley que haría más estrictas las leyes sobre drogas a lo largo de la frontera. Entonces su amiga, la congresista Debbie Wasserman Schultz, leyó en voz alta la renuncia de Gabby, quien permaneció de pie en silencio a su lado. Ese momento puso fin a una época de mi vida. De un ingenuo chico de diecisiete años que había hecho una pasantía pasé a ser un adulto elegido por derecho propio para luchar a favor de personas que no pueden luchar por ellos mismos. Sabía que tenía expectativas que cumplir y un legado por el cual vivir.

Me he quedado con el medallón que me prestó la madre de Gabby, el cual le devolveré a Gabby algún día cuando ella regrese al trabajo.

Seguí pensando en lo que había aprendido de la tragedia, algo que a menudo me pregunto sobre los lugares adonde viajo. Hay cinco lecciones sobre las que pienso diariamente. No quiero sonar demasiado como que estoy sermoneando, pero honestamente creo que esas son las lecciones que he aprendido tanto de la tragedia como de mis experiencias hasta ahora.

Primera lección: la importancia de la educación. Algo que uno aprende, como es el caso de las técnicas de primeros auxilios que adquirí en la secundaria, puede ser de ayuda en una situación crítica. Y el entrenamiento que recibí que me permitió permanecer calmado y lúcido. La educación ha sido siempre un gran elemento de equiparación. No importa cuáles sean los antecedentes de una persona, si tiene una buena educación y trabaja duro, puede progresar.

Segunda: me di cuenta del valor de la bondad. La gente dice que la bondad es algo que ocurre por casualidad y utilizan la frase "actos azarosos de bondad", pero durante el año pasado he aprendido que no es así. Todos debemos hacer cosas pequeñas todo el tiempo a fin de ser buenos con la gente. Como es el caso de pensar en todo, como Gabe, que quiso estar seguro de que yo me tomara un café aquel sábado por la mañana.

Tercera: la importancia de la civilidad. Debemos tener un discurso constructivo a fin de mejorar las cosas. La política no debe significar tener que destruir a otra persona. No podemos hablar de la necesidad de la civilidad y entonces, en el próximo aliento, atacar a alguien por la posición que asuma. La retórica hostil y negativa se ha convertido en estrategia victoriosa porque no nos exigimos más de nosotros mismos como ciudadanos ni de nuestros líderes electos. Debido al suceso del 8 de enero se habla mucho de la civilidad. No es algo que pueda ocurrir de la noche a la mañana; debemos trabajar para lograrlo.

Cuarta lección: la necesidad de liderazgo. Aunque ello no necesariamente signifique estar al frente. Liderazgo significa tener el conocimiento y la capacidad para dar un paso atrás y dejar que los demás reciban la gloria. Nelson Mandela, quien fue presidente de Sudáfrica, dijo una vez: "Es mejor dirigir desde atrás y poner a otros adelante, especialmente cuando uno celebra el triunfo de algo bueno. Uno sólo toma el lugar adelante cuando enfrenta un peligro. Entonces la gente podrá apreciar el grado de liderazgo". Los resultados tienen más importancia que recibir crédito por ellos. A veces trabajar en coalición resulta más efectivo que actuar individualmente.

Quinta, y probablemente la más importante: tiene que ver con el servicio público, involucrarse, tener el deseo de ayudar a los demás. El 8 de enero perdimos a muchas personas que habían servido a su comunidad, desde el Juez Rolls, un servidor público en nuestro sistema judicial, hasta Phyllis Schneck, una voluntaria en su iglesia. No existe una manera simple de servir. Lo importante es abandonar la pasividad y trabajar para generar cambios.

A Golda Meir, ex primera ministra de Israel, se le cita diciéndole a su ministro de defensa, Moshe Dayan, y tal vez a un diplomático que estaba de visita: "No sea humilde; usted no es tan magnífico". Puede que ella lo haya dicho en broma, pero considero sus palabras exquisitamente significativas cuando trato de mantener las cosas en perspectiva. He tenido el privilegio de vivir situaciones que nadie de mi edad espera vivir, desde hacer el primer lanzamiento en un Juego de Estrellas en Phoenix con el legendario pelotero Joe Garagiola, hasta estar el día que cumplía veintiún años en la Casa Blanca para el discurso del Estado de la Unión. He tratado de mantenerme con los pies en la tierra y nunca permitir que estas magníficas oportunidades se me vayan a la cabeza.

He rechazado el título de héroe porque no lo merezco. Mi definición de "héroe" es alguien que se ha entregado para servir a los demás, como los maestros, médicos, jueces y presidentes. Convertirse en un participante activo para crear cambios es difícil, pero vitalmente importante, especialmente para aquellos de nosotros que vivimos en grupos marginados: jóvenes, gays, latinos, afroamericanos, nativos americanos, mujeres, transgeneristas, obesos, personas enfermas física o emocionalmente.

He optado por no ser pasivo. Quiero ponerme en pie y luchar por lo que es justo, para mí y para otros como yo. Espero algún día mirar atrás y decir que he vivido la vida de un agente de cambio para lo mejor. Y entonces, tal vez ese día, pueda pensar en mí mismo como un héroe.

DÓNDE ESTÁN AHORA

Daniel Hernández recibió su licenciatura de la Universidad de Arizona el 12 de mayo de 2012.

El 8 de agosto de 2012, Jared Loughner compareció ante una vista de apelación en una corte del distrito de Tucson (Arizona). Daniel Hernández y víctimas de la tragedia de 2011 asistieron a la vista. Loughner se declaró culpable de matar a seis personas y herir a otras trece, y estuvo de acuerdo en pasar el resto de su vida en prisión. En una audiencia ante un tribunal en Tucson el 8 de noviembre de 2012, Loughner fue sentenciado a siete condenas perpetuas sin derecho a libertad condicional más 140 años de prisión. El caso está cerrado.

Gabby continúa mejorando y está lo suficientemente bien como para viajar con su esposo, Mark Kelly. Se han mudado al "viejo pueblo" (Tucson), lo que era el sueño de Gabby después del tiroteo.

PREMIOS Y RECONOCIMIENTOS ESPECIALES OTORGADOS A DANIEL HERNÁNDEZ

1. Premio Teodoro Roosevelt de la Oficina de Personal de Administración por servicio público destacado.

2. Mención presidencial de la Liga de Ciudadanos Latinoamericanos Unidos.

3. Reconocimiento especial de Jan Brewer, gobernadora del estado de Arizona.

4. Reconocimiento especial a nombre de México presentado por el embajador de México.

5. Primer lanzamiento ceremonial en el Juego de Estrellas del Béisbol de Grandes Ligas.

6. Proclamación especial del Concejo de la Ciudad de Nueva York.

7. Premio nacional HOSA del jefe de servicio federal de sanidad dedicado a héroes.

8. Reconocimiento especial del alcalde de la Ciudad de Nueva York Michael Bloomberg.

9. Premio líder de la comunidad de aprendizaje de la Asociación de Ex Alumnos de Sunnyside.

10. Mención especial de un ejecutivo del Condado Nassau de Long Island.

11. Premio de coraje y distinción de la Cámara de Comercio Hispana de Arizona.

12. Premio de impacto de la Coalición Nacional de Medios Hispanos

por servicio destacado a la comunidad.

13. Premio de liderazgo en servicio público del Instituto Águila de Liderazgo Juvenil Mitch Menlove.

14. Premio del Fondo de Victoria de Gays y Lesbianas (Houston).

15. Primer lanzamiento ceremonial en la Pequeña Liga de Béisbol de Santa Rita.

16. Premio especial por acción desinteresada y servicio a la comunidad del Comité Hispano de Acción Profesional.

17. Premio HOSA del Salón de Héroes de Arizona.

18. Medalla a Ciudadano del Sheriff del Condado de Pima.

19. Premio ¡Levántate! de 2011 de la Universidad de Arizona.

20. Premio nacional de liderazgo del Orgullo del Precinto Universitario en Voz y Acción.

21. Mención del presidente de la Asamblea Estatal de California.

22. Mención del Distrito Escolar Unificado de Sunnyside.

23. Reconocimiento especial de Educación Latina y Días de Apoyo.

24. Premio por buena acción de la Sinagoga Chabad Judía de Mineola, Long Island.

25. Mención especial de Ed Perlmutter, miembro del Congreso.

26. Premio extraordinario de reconocimiento de la Fundación para la Juventud del Condado de Pima.

27. Premio a héroe nacional del Foro de Igualdad de 2011.

28. Gran Mariscal en el desfile de orgullo de LGBT de San Diego.

29. Reconocimiento especial por valor y distinción (2 de abril de 2011) de la Cámara de Comercio Hispana de Tucson.

30. Premio de liderazgo juvenil Manuel Ortega del Valle del Sol.

31. Gran Mariscal en el desfile de orgullo gay de Seattle.

CÓMO ESCRIBIMOS ESTE LIBRO

El 15 de mayo de 2011, conocí a Daniel Hernández en Tucson y nos pasamos dos días hablando mientras yo tomaba nota. Después hablábamos continuamente por teléfono a fin de que yo comprendiera bien su historia y me sintiera cómoda con su voz narrativa. Regresé a Tucson el 8 de enero de 2012 y me quedé allí hasta el 11 de enero grabando conversaciones con Daniel. El 3 de febrero nos reunimos en Los Ángeles y lo entrevisté durante ocho horas. Después hubo más llamadas telefónicas largas y mucho intercambio de correos electrónicos.

Le envié a Daniel fragmentos del primer borrador el 11 de marzo y él me los devolvió con correcciones y comentarios. Para el primero de abril, ya había terminado el primer borrador del manuscrito y se lo había enviado a él para que lo aprobara. El 5 de abril le presentamos el borrador a nuestro editor, David Gale. Cuando recibimos las observaciones editoriales hablamos otra vez para responder las preguntas de David. La última parte del libro fue el epílogo que finalizamos juntos. Nuestra meta era acercarnos a la voz de Daniel para narrar su historia.

AGRADECIMIENTOS

Primero, le agradezco a Daniel Hernández haberme confiado su historia y haber trabajado diligentemente conmigo para darle vida. También le agradezco a sus padres, Daniel y Consuelo Hernández, y a sus hermanas, Alma y Consuelo, haberme recibido en su hogar y compartir conmigo sus recuerdos. Le estoy enormemente agradecida a Kelly Paisley, quien me ayudó desde el principio y quiero también darles las gracias a Steve Farley y a Carole Pearsall por su amistad y ayuda.

Le debo una enorme gratitud a mi editor, David Gale, por su interés inmediato en esta memoria y por su dedicado trabajo y dirección. Le doy gracias a mucha gente en Simon & Schuster que aportaron sus esfuerzos, especialmente a Navah Wolfe, Justin Chanda, y a las diseñadoras, Chloë Foglia y Krista Vossen.

Inmensas gracias a mi agente y amigo, George Nicholson, por sugerir este proyecto y por aconsejarme durante su ejecución. Mi esposo, Michael, me dio ánimo constantemente y le estoy profundamente agradecida. Finalmente, un agradecimiento especial a mis amigos, Michael Cart, y los autores de Lunch Bunch, por sus generosas sugerencias.

S. G. R.

Escribir una memoria a cualquier edad puede ser difícil, especialmente cuando sé lo mucho que me queda por hacer. Pero esta es y continúa siendo una aventura terapéutica y emocionante que espero ayude a animar a otros jóvenes. La vida tiene sus altas y bajas, pero aun en los momentos más oscuros hay esperanza y debemos siempre levantarnos y continuar nuestro camino.

Primero me gustaría darles las gracias a mi familia: mi madre Consuelo, mi padre Daniel y mis hermanas Alma y Consuelo. Me gustaría también darles las gracias a mi otra familia de amigos: GiGi y Amelia Farley, Steve Farley, Jean y Jim Paisley y David Pearsall. Ustedes se han convertido en los pilares que en los últimos dos años me han capacitado para ser lo mejor que puedo ser y me han permitido recordar las cosas realmente importantes en la vida. Ustedes siguen siendo mi inspiración por todo lo que hacen y, aunque no lo digo muy a menudo, ¡gracias! Los quiero mucho a todos. No hay palabras para describir todo lo que ustedes significan para mí.

Tengo que hacer una mención especial de dos miembros de mi grupo de amigos que han ido aún más lejos desde el primer día. Kelly Paisley y Carole Pearsall: ustedes dos han sido mis confidentes y compañeras desde Nueva York hasta Post en Texas. Lo agradezco sinceramente aunque no siempre lo demuestre. Ustedes dos me motivan a recordar por qué continúo en esta jornada extraña y maravillosa.

Quiero también darles las gracias a Susan Goldman Rubin

y al equipo de Simon & Schuster y Sterling Lord: David Gale, Navah Wolfe, George Nicholson, Erica Silverman, Chloë Foglia, Paul Crichton y Anna McKean. Ustedes han sido magníficos compañeros en esta jornada y he disfrutado el tiempo que pasamos juntos.

A las víctimas y héroes del 8 de enero de 2011: ustedes son más que amigos —son mi familia. Bill Badger y Sallie Badger, Pat Maisch, David y Nancy Bowman, John y Roxanna Green, Suzi Hileman, Mary Reed, Mavy Stoddard, Laura Tennen, Steven Rayle y Faith y Roger Salzgeber.

Congresista Gabrielle Giffords, es difícil expresar cuánto usted ha impactado mi vida. Siempre he admirado su fortaleza, inteligencia y gracia, pero más que todo su humanidad. Sé que usted no ha terminado aún de cambiar nuestras vidas y tengo la esperanza de que podré seguir sus pasos para servir al pueblo de Arizona.

La familia, los partidarios y el equipo de la congresista Gabrielle Giffords han constituido también un sistema de apoyo para mí y les estaré siempre agradecido a todos por su bondad. Mark Kelly, gracias por ser un gran modelo de persona. Ron y Nancy Barber, al igual que el señor Kelly y la señora Giffords, ustedes dos son ejemplos de lo que significa tener un matrimonio feliz y espero algún día encontrar un compañero a quien pueda querer tanto como se quieren ustedes. Pam Harrington, mi favorita entre las mujeres fuertes de Texas, es usted una de las personas con las que puedo ser abierto y completamente honesto y confío en nuestra continua amistad. Pam Simon, su sentido del humor en tiempos difíciles es algo que siempre recordaré y apreciaré. Amanda Sapir y Patty Valera, espero algún día encontrar la paz y la fortaleza que ustedes proyectan. Han encontrado el punto de balance entre ayudar a la gente y asegurarse de no perderse a sí mismos. Joni y Gary Jones, gracias por siempre tener un abrazo amable y una sonrisa y por hacerme sentir parte del equipo. Mark Kimble y C. J. Karamargin, ustedes dos me enseñaron mucho sobre cómo trabajar con la prensa. Shay Saucedo y Dan Frey, agradezco todo el trabajo que ustedes hacen por la gente del sur de Arizona. Rodd McLeod, simplemente gracias por enseñarme tanto sobre política. Mi gratitud hacia el equipo de DC y el de la campaña. No les dediqué tanto tiempo como habría querido para conocerlos mejor, pero disfruté el tiempo que pude pasar con ustedes. También mi gratitud a Brad Holland y a Gloria y Spencer Giffords por su bondad.

A la congresista Debbie Wasserman Schultz, gracias por tanta gentileza cada vez que nos hemos comunicado y por hacerme sentir cómodo no con la palabra "héroe" sino con la palabra "mensch".

A mis "hermanas" de otro señor: David Martínez III, Emily Fritze, Erik Lundstrom, Monica Ruiz, Chandni Patel, Shelby Vogl, Alicia Cybulski, Ashley Wilcox, Kirby Weatherford, Elma Delic, Abby y Beth Wischnia, Caitlin Brady, Laura Zimmerman, Carlita Cotton, Allison Coleman, Hillary

Davidson, Jason Brown, Jenny Alexander, Martess Green, Kim Osesky, Ken Stroscher, Kenny Ho y Laura Warbelow. Ustedes me han demostrado que todo es posible si se tiene carisma, excepcionalidad, valor y talento. Y que si no soy capaz de quererme a mí mismo no podré querer a nadie. Ustedes me demuestran continuamente que a veces lo único que necesitamos es un buen llanto en un restaurante a las tres de la madrugada o cantar juntos en el automóvil. ¡Alelú!

Quisiera darles las gracias a todos mis maestros. La educación ha sido siempre parte integral de mi vida y una de las principales razones es el hecho de haber sido bendecido siempre con magníficos maestros que me dieron las herramientas necesarias para alcanzar el éxito y nunca me permitieron estar por debajo de mi mejor esfuerzo: la señorita Katz, la señorita Martínez, la señora Jiménez, la señora Ybarra, la señora Breckenfeld, la señorita Rosales, el señor Wyatt, la señora Diggins, la señora Bossardet, la señora Baca, la señora Winston, la señora Mayorga, la señorita Martin, la señorita Rush, la señora Monroe, la señorita MacDonald, el señor Mayorga, la señora Heller, la señora Craft, el señor Thames, el señor Valenzuela, la señora Duarte, la señora Stewart, el señor Dye y la señora Gonzales. Y mi educación no se habría completado sin el apoyo de la magnífica gente de Upward Bound y de los Estudiantes de Salud Ocupacional de Estados Unidos (HOSA, por sus siglas en inglés): Kristen Bury, Mike López y Jane Shovlin. Para todos, una palabra sincera y simple: GRACIAS.

En mi nueva posición de miembro de la junta escolar he aprendido incluso a apreciar a las personas que ayudan a darles a los maestros el apoyo que necesitan, así que les doy las gracias a los que me ayudan en mi servicio como miembro de la Junta de Gobierno del Distrito Escolar Unificado de Sunnyside: Manuel y Edith Isquierdo, la doctora Eugenia Favela, Steve Holmes, Javier Baca, Anna Maiden, Mary Veres, Héctor Encinas, Margie Jones, Eneida Orci, Liz Greenlee, Bernie Cohn, Kathy Dong, el doctor Bergman, Sue Tillis y Gloria López. También les doy las gracias a mi compañeros en la junta, Malena Barajas, Eva Dong, Buck Crouch y Louie Gonzales.

El otro sitio donde me desarrollé y aprendí fue en la Universidad de Arizona. Ninguna otra universidad tiene el increíble sentido de comunidad que hay allí. He cultivado muchas amistades y he recibido apoyo que nunca esperaba de las personas que trabajan allí. Continuaré siendo un Wildcat toda mi vida. Dicho esto, necesito expresar mi especial gratitud al equipo por brindarme un sitio donde progresar. Gracias, Melissa Vito, Robert Shelton, Meredith Hay, Pamela Coonan, Brint Milward y Scott Johnson.

Un agradecimiento especial para Chrissy Lieberman, Geoff Balon, Jen Dang, Khaled Sleiman, Michael Colletti y Claudia Davila. Ustedes han sido testigos de mis momentos más vulnerables. Me ayudaron a levantar la cabeza y mantener mi perspectiva bajo control.

Mi tiempo en la política ha estado lleno de muchas personas magníficas que nunca podría mencionarlas todas aunque me concedieran mil páginas para hacerlo. Linda Quinn, Linda López, Sabrina Vásquez y Amanda Nelson, noto que a menudo estamos en la misma página y siempre aprecio tener a alguien con quien hablar de cualquier cosa. Nancy Young Wright y Cheryl Cage, siempre recordaré y atesoraré las puertas a las que tocamos juntos y los electores con los que hablamos. Representante Raúl Grijalva, gracias por defender al sur de Arizona y por su trabajo protegiendo nuestra hermosa casa. Matt Heinz, usted confió en mí cuando yo probablemente no tenía razón para pensar que yo sabía lo que estaba haciendo. Gracias por presentar mi proyecto de ley y por ayudar a los estudiantes de Arizona. Shasta McManus, usted trabaja muy duro y nunca recibe todo el reconocimiento que merece. Espero que todos le digamos lo mucho que la apreciamos. Adam Kinsey, usted siempre es optimista y honesto, dos cosas de las que más necesitamos en la política. Bill Roe, gracias por su ayuda inmediatamente después del tiroteo y por su servicio aquí en Arizona como presidente del partido estatal. Fred Duval, gracias por su trabajo en la educación superior como regente; espero trabajar más con usted en el futuro para mejorar nuestro estado. Y a dos de mis latinas favoritas: Linda Mazón Gutierrez y Christina Martínez. Gracias por siempre recordarme el deber de ayudar a otros latinos jóvenes y por hacerlo del mismo modo que otros lo hicieron conmigo.

Chris Herstam, Jack Jewett, Emily Rajakovich, Nancy

Welch, Denise Eskildson y todos los miembros de la junta y el personal de las fundaciones de Flinn y Thomas R. Brown, mis más sinceras gracias por permitirme ser un becado de la Academia de Liderazgo Cívico y abrigar la esperanza de mejorar las cosas aquí en Arizona.

Tengo numerosos amigos involucrados en el servicio público que ayudan a que el país sea un mejor lugar: Kyrsten Sinema, Andrei y Stephanie Cherny, Regina Romero, Richard Fimbres, Jonathan Rothschild, Solomon Ortiz Jr., Macario Saldate, Chad Campbell, Linda Elliott, Vin Porfirio, Shane Windmeyer, Vic Basile, Terrie Gent, Teri Mills, Taylor Bell, Daniel Fitzgibbon, Sue Sissley, Sara Presler, Ruben Gallego, Rosanna Gabaldon, Robert Meza, Robyn Nebrich, Paula Aboud, Olivia Cajero Bedford, Laura French, Mike Snitz, Luci Messing, Beth Slaine, Pat Burns, Matt Kopec, Curtis Dutiel, Jeannie Christie, Erin Hertzog, Rabbi Perl, Amethyst Polk, Bruce Wheeler, Carlos Menchaca, Serena Unrein, Mariana Garcia, Pat Fleming, Greg Stanton, Anna Tovar, Kelly Rivas, Loida De Leon, Melissa Vargas, Clare Velonis, Stephanie Gonzales, Justin Jenkins, Ruben Purdy, Patricia Strempel, Carlos Galindo, Katy Nail, Dyane Osorio, Jim Gonzales, Jonathan Cohen, Emily Berman, Teri Herbstman, Jesús Orozco, Christina Marie Rocks, Karolina Longoria, Courtney Frogge, David Turkell, Shayna Daitch, Frankie Parra, Jay Schlum, Diane Landis, Teri Benelli, Molly Edwards, Jeff Adams, Dino Kadich, Pedro Cavallero, Keri

Silvyn, Deb Dale, Alfredo García, Gabriela Rivera, Irvis Orozco, Denise Madrigal, Jonathan Beeton, Miguel Ortega y Abby Henderson.

Tempest DuJour, Shangela, Janee' Starr, Jasmine White y Barbara Seville, gracias por hacerme sonreír siempre.

Ha habido muchas organizaciones en las que he tenido el placer de trabajar a las que quiero expresar mi gratitud: la Comisión Americana-Israelí de Asuntos Públicos (AIPAC en sus siglas en inglés), la Campaña de Derechos Humanos, NALEO, el Fondo de la Victoria, AEA, AEN, ASA, ASUA, USHLI, HWC, Valle del Sol, United Way, el Concejo para Oportunidades en Educación, La Coalición de Políticas Hispanas, la Coalición de Medios Hispanos de Estados Unidos y Estudiantes de Salud Ocupacional de Estados Unidos.

D. H.

BIBLIOGRAFÍA

Libros

Giffords, Gabrielle y Mark Kelly. *Gabby: Una historia de valentía y esperanza*. Nueva York: Scribner, 2011.

Zoellner, Tom. *Un Safeway en Arizona: Lo que el tiroteo contra Gabrielle Giffords nos dice sobre el estado de El Gran Cañón y la vida en Estados Unidos*. Nueva York: Viking, 2011.

Artículos

Alaimo, Carol Ann. "En todo Tucson, Estados Unidos, las campanas marcan un aniversario". *Arizona Daily Star*, 9 de enero de 2012, páginas A1 y A5.

Beal, Tom. "El 8 de enero: Un año después". *Arizona Daily Star*, domingo, 8 de enero de 2012, Sección C, página 5.

Bond, Gavin. "Los 100 de OUT de 2011, Daniel Hernández Jr. Héroe". *OUT*, diciembre de 2011/enero de 2012, página 77.

González, Daniel. "La tragedia de Tucson tres meses después: Rostros públicos, dolor privado". *The Arizona Republic*, 13 de abril de 2011, páginas A1 y A8.

———. "El pasante de Giffords lucha por lidiar con la tragedia de Arizona". *The Arizona Republic*, 4 de abril de 2011.

Herreras, Mari y Jim Nintzel. "Los héroes; 8 de enero: Un año después". *Tucson Weekly*, 5-11 de enero de 2012, volumen 28, número 46, página 21.

Martindale, Scott. "Pasante que salvó a la representante Giffords es homenajeado en Anaheim." *The Orange County Register*, 22 de junio de 2011.

Rose, Jaimee y Mary Jo Pitzl. "Daniel Hernández, pasante, permanece junto a Gabrielle Giffords". *The Arizona Republic*, 9 de enero de 2011.

Wallace, Amy. "Oí disparos y corrí hacia el sonido". *GQ*, marzo de 2011.

Internet

Constantini, Cristina. "Daniel Hernández Jr., el heroico pasante de Gabrielle Giffords, En el aniversario del tiroteo de Tucson". The Huffington Post, Voces latinas, 7 de enero de 2012, http://huffingtonpost.com/2012/01/06/Daniel-hernandez-jr-hero-intern_n_1190394.html

Crites, Nicole. "El pasante de Giffords pensaba que ella estaba muerta mientras esperaba en aislamiento". 6 de enero de 2012, http://www.kpho.com/story/16463389/giffords-intern-thought-she-was-dead-as-he-waited-in-sequester

González, Daniel. "El pasante Daniel Hernández recibirá honores en el Estado de la Unión". *The Arizona Republic*, 24 de enero de 2011, http://www.azcentral.com/news/

articles/2011/01/24/20110124gabrielle-giffords-david-hernandez-state-union.html

Johnson, Chris. "A pasante gay se le acredita haber salvado a Giffords." *Washington Blade*, 13 de enero de 2011, http://www.washingtonblade.com/2011/01/13/openly-gay-man-credited-with-saving-gifford/

Maldonado, Trisha. "Ex pasante de Giffords visita estudiantes en Douglas". *Douglas Dispatch*, 8 de febrero de 2012, http://www.douglasdispatch.com/articles/2012/02/23/news/doc4f32dfd7da6d9418256096.txt

Myers, Amanda Lee. "Foto muestra a Giffords justo antes del tiroteo". 4 de marzo de 2011, http://www.aolnews.com/2011/03/04/photo-shows-rep-gabrielle-giffords-right-before-shooting-rampag/

Phillips-Sandy, Mary. "Daniel Hernández celebra sus 21 años en el discurso del Estado de la Unión". 25 de enero de 2011, http://www.aolnews.com/2011/01/25/daniel-hernandez-celebrates-21st-birthday-at-state-of-the-union/

Portillo Jr., Ernesto. "El Tucson de Neto: Incluso en la niñez, Daniel Hernández era calmado y tranquilo". *Arizona Daily Star*, 16 de enero de 2011, http://azstarnet.com/news/local/neto-s-tucson-even-as-a-child-daniel-hernandez-was/article_8a793cdb-7149-59a8-b360-659c00df1f69.html

Powers, Ashley. "Ex pasante de Giffords elegido para la junta escolar de Arizona". *Los Angeles Times*, 10 de noviembre de 2011, http://articles.latimes.com/2011/nov/10/nation/la-na-daniel-hernandez-20111110

Editores del Washington Post. "Cronología del tiroteo de Tucson: Oficina del sheriff de Pima". *The Washington Post*, 14 de enero de 2011, http://voices.washingtonpost.com/44/2011/01/tucson-shooting-timeline-pima.html

Wright, John. "Pasante gay recibe crédito por haberle salvado la vida a Giffords". Dallasvoice.com, 9 de enero de 2011, http://www.dallasvoice.com/meet-gay-intern-saved-rep-giffords-life-1060085.html

Entrevistas con el autor por correo electrónico

De Alma Hernández a Susan Goldman Rubin, 19 de marzo de 2012.

De Consuelo Hernández a Susan Goldman Rubin, 2 de febrero de 2012.

De Kelly Paisley a amigos después del tiroteo, 15 de enero de 2011.

De Kelly Paisley a Susan Goldman Rubin, 7 de febrero de 2012, y 31 de marzo de 2012.